Clemens Beeck
Günter Schneider (Fotos)



# Highlights in Weimar

Der praktische Begleiter für Entdeckungstouren durch die Stadt

Jaron Verlag

*Abbildungen*
Vordere Umschlagseite: Goethe-Schiller-Denkmal und Deutsches Nationaltheater
Vordere Umschlagseite innen: Goethes Gartenhaus
S. 2/3: Junozimmer in Goethes Wohnhaus
S. 6: Lesender Knabe vor der Musikschule Ottmar Gerster
S. 126/127: Goethe-Schiller-Denkmal
Hintere Umschlagseite (von links oben nach rechts unten):
Goethes Wohnhaus, Burgplatz, Schloss Belvedere, Bauhaus-Universität

Originalausgabe
1. Auflage 2012

www.jaron-verlag.de
Karte: Matthias Frach, Berlin
Umschlaggestaltung: Jaron Verlag GmbH, Berlin, unter Verwendung von Fotos von Günter Schneider, Berlin
Satz und Layout: Prill Partners | producing, Berlin
Lithographie: Bild1Druck GmbH, Berlin
Druck und Bindung: Offizin Andersen Nexö Leipzig GmbH, Zwenkau

ISBN 978-3-89773-923-9
ISBN 978-3-89773-924-6 (10 Exemplare)

# Von der Anna Amalia Bibliothek bis zum Wittumspalais

Schon das Stadtwappen ist sympathisch: Übersät mit roten Herzen ist das goldene Schild, auf dem ein Löwe aufrecht steht. Mit freundlicher Atmosphäre empfängt Weimar den Besucher. Kleinstädtische Beschaulichkeit paart sich hier mit kosmopolitischem Bewusstsein – eine Kombination, welche die thüringische Stadt einzigartig und besonders reizvoll macht.

Von der Stadt an der Ilm gingen geistige Impulse aus, die tiefgreifend das deutsche und europäische Kulturleben beeinflussten: von der Weimarer Klassik unter den Dichterfürsten Goethe und Schiller über das „Silberne Zeitalter" unter dem Klaviervirtuosen Franz Liszt bis hin zum revolutionären Bauhaus, das 1919 in Weimar gegründet wurde. Zugleich steht Weimar für die erste demokratisch-republikanische Verfassung Deutschlands. Selten findet man politische Geschichte und kulturellen Genius so konzentriert an einem Ort.

Beeindruckend ist die Zahl außerordentlich brillanter Künstler und Persönlichkeiten, die in Weimar wirkten und den Ruhm des Ortes mehrten: Komponisten wie Bach oder Schumann, Literaten wie Musäus, Herder, Wieland oder Thomas Mann, Maler wie Feininger, Kandinsky und Klee. Klangvolle Namen, denen Weimar seinen Ruf verdankt, kulturelle Hauptstadt des Landes der Dichter und Denker zu sein. An authentischen Stationen ihres Schaffens und in unzähligen Ausstellungen wird an die berühmten Männer und Frauen erinnert.

Die große Zeit des mehr als 1100 Jahre alten Ortes begann im 16. Jahrhundert: 1552 wählte Kurfürst Johann Friedrich der Großmütige aus dem ernestinischen Zweig der Wettiner das bis dahin unbedeutende Städtchen zu seiner Residenz. Mit dem protestantischen Fürsten kam erstmals ein namhafter Künstler nach Weimar – der Renaissancemaler Lucas Cranach d.Ä.

Als Herzogin Anna Amalia 1759 die Herrschaft über den Kleinstaat Sachsen-Weimar-Eisenach übernahm, begann der Aufstieg Weimars als kulturelles Zentrum im Deutschen Reich. Ihr Sohn Carl August, der sich als aufgeklärter Landesherr verstand, förderte ebenso das Schöngeistige. Dem Herzog ist zu verdanken, dass Goethe, damals ein rebellischer Sturm-und-Drang-Poet, 1775 zu einem Bürger Weimars wurde. Das Genie prägte gemeinsam mit Friedrich Schiller die große Zeit der deutschen Klassik.

Zwischen der Herzogin Anna Amalia Bibliothek und dem Wittumspalais wandelt man heute auf den Spuren der größten deutschen Dichter. Die kulturelle Glanzzeit Weimars ist im Stadtbild lebendig geblieben. Bauwerke des späten Barock und des Klassizismus – meist Entwürfe von Clemens Wenzeslaus Coudray – erzählen von dieser Epoche. Das „Klassische Weimar" ist von der Unesco als Welterbe ausgezeichnet worden: Die bezaubernden Schlösser Belvedere, Ettersburg und Tiefurt sowie das elegante Residenzschloss zählen dazu. Auch die Wohnhäuser Herders, Goethes und Schillers gehören zum Kulturgut der Welt.

Nicht allein die Literatur blühte an der Ilm. Musik-Kenner aus ganz Europa schauten nach Weimar, als Liszt hier tätig war. Meilensteine des Designs und der Architektur schufen der Belgier Henry van de Velde und das legendäre Bauhaus. An diese Ära knüpfen Neubauten für die Universität und die Herzogin Anna Amalia Bibliothek an.

Seltene Schätze der Bildenden Kunst sind in den hochkarätigen Kunstsammlungen im Schloss und dem Neuen Museum zu sehen. Die Klassik Stiftung Weimar bewahrt das kulturelle Erbe und sorgt mit hohem Aufwand dafür, es einem breiten Publikum attraktiv zu präsentieren.

Der liberale Geist der Stadt schlug sich sehr früh in der Politik nieder. Sachsen-Weimar-Eisenach erhielt 1816 als eines der ersten deutschen Fürstentümer eine fortschrittliche Verfassung. Die Stadt Goethes ist in der Welt ein Symbol für den Humanismus.

Dem steht Buchenwald gegenüber, ein Ort deutscher Schuld und Zeugnis für Barbarei und Unmenschlichkeit in der NS-Diktatur.

Weimar war von 1920 bis 1952 Landeshauptstadt von Thüringen und ist nunmehr eine kreisfreie Stadt.

Damit Ihr Besuch in Weimar zu einem vielseitigen und freudvollen Erlebnis wird, erklärt dieser Stadtführer der neuen Art schnell und informativ, wo man die Highlights der Goethestadt findet. Ein kurzer Text erzählt alles Wissenswerte über die einzelnen Sehenswürdigkeiten. Zahlreiche brillante Fotos vermitteln Ihnen einen hervorragenden Eindruck vom besonderen Charme Weimars. Adressen, Öffnungszeiten und Hinweise zu Anfahrtswegen, ein Stadtplan sowie zwei Register erleichtern die gründliche Planung Ihrer Tour durch Weimar.

Möge das Buch Ihnen helfen, die Kulturhauptstadt im Herzen Deutschlands für sich zu entdecken!

# Anna Amalia Bibliothek

Sie ist das Herzstück des klassischen Weimar und einzigartig in Deutschland. In der Herzogin Anna Amalia Bibliothek stehen nicht nur Bände der Werke von Goethe, Herder, Schiller und Wieland, hier haben die Dichter auch selbst gelesen und studiert. Der historische Buchbestand mit wertvollen Raritäten zeigt sich fast so wie zu Zeiten Goethes, der die Bibliothek ab 1797 leitete.
Nach dem verheerenden Brand vom 2. September 2004 erstrahlt der altehrwürdige Büchertempel seit 2007 wieder im ursprünglichen Glanz. Der prächtige Rokokosaal mit ovaler Galerie – ausgestattet mit Büsten und Gemälden bedeutender Persönlichkeiten – gilt als Pantheon der deutschen Klassik. Gestaltet wurde er 1761–66 nach einem Entwurf von August Friedrich Straßburger. Den Umzug der fürstlichen Bibliothek vom Residenzschloss in den ehemals „Grünes Schloss" genannten Renaissancebau und dessen repräsentativen Ausbau hatte Herzogin Anna Amalia (1739 bis 1807) veranlasst.
Nach dem Tod ihres Mannes, Herzog Ernst August II. (1737–58), übernahm die junge Adelsfrau bis zur Volljährigkeit des Erbprinzen Carl August im Jahr 1775 die Regentschaft der Provinz Sachsen-Weimar-Eisenach. Die

**Herzogin Anna Amalia Bibliothek**
Platz der Demokratie 1
Di–So 10–14.30 Uhr
Renaissancesaal: Di–So 9.30–17 Uhr
Tel. 54 54 00
www.klassik-stiftung.de

**Studienzentrum**
Platz der Demokratie 4
Mo–Fr 9–21 Uhr, Sa 9–16 Uhr

▷ Bus 1, 5, 6, 8 (Wielandplatz), dann Fußweg

Nobler Rahmen für 40 000
Bände aus der Zeit um 1800

Barockgebäude der Herzogin
Anna Amalia Bibliothek

Olymp der deutschen Klassik:
Der berühmte Rokokosaal

Büsten neben Bücherregalen erinnern
an Legenden der Literatur

hochgebildete Prinzessin aus dem Hause Braunschweig-Lüneburg förderte leidenschaftlich die Kultur.
Das Bibliotheksgebäude wurde 1805 um den Bücherturm und 1849 nach Plänen von Clemens Wenzeslaus Coudray um zwei Fensterachsen nach Norden erweitert. Im Renaissancesaal werden ausgewählte Exemplare des Buchbestandes ausgestellt.
Nur wenige Schritte vom barocken Altbau entfernt befindet sich der moderne Schwesterbau. Das 2005 eröffnete **Studienzentrum** mit zeitgemäßem Lesesaal verbirgt sich im Hof des **Roten Schlosses**, das Magazin für rund eine Million Bände unterhalb des Platzes der Demokratie. Spezialgebiet der Bibliothek ist die Literatur von 1750 bis 1850.

*Neuer Lesesaal der Herzogin Anna Amalia Bibliothek: Der „Kubus"*

*Portalschmuck über dem Eingang des Roten Schlosses*

Zeitgenössische Architektur als
Entree zum Studienzentrum

Das Rote Schloss ist ein Schmuckstück der Renaissance

# Bauhaus-Museum

In der Welt gerühmt – in Weimar gegründet: Das Bauhaus, 1919 in der Goethestadt ins Leben gerufen, steht für einen radikalen Stilumbruch in Gestaltung und Architektur vor gut 100 Jahren. Die Ausstellung im Bauhaus-Museum zeigt anhand von mehr als 300 Exponaten den damals revolutionären Ideenreichtum der Kreativen, zu denen heute weltberühmte Künstler wie Lyonel Feininger, Wassily Kandinsky, Paul Klee, Gerhard Marcks und Oskar Schlemmer gehörten.
In einer der größten Sammlungen von Werken der legendären Institution kann epochales Design des frühen 20. Jahrhunderts bewundert werden, wie etwa die Tischlampe von Wilhelm Wagenfeld (1923/24) oder Teeservices von Marianne Brandt (1924). Bahnbrechende Möbelstücke von Marcel Breuer und Arbeiten von Alma Siedhoff-Buscher machen den Einfluss des Bauhauses auf alle Lebensbereiche deutlich. Auch Grafiken von László Moholy-Nagy und der avantgardistische „Turm des Feuers" von Johannes Itten (1920) sind zu sehen.
Zu den Ausstellungsstücken zählen zudem rund 150 Arbeiten von Walter Gropius, die der Gründungsdirektor zurückgelassen hat, als das Bauhaus 1925 nach Dessau zog.
Das Museum ist in einer 1823 erbauten Remise gegenüber dem → **Deutschen Nationaltheater** untergebracht. In naher Zukunft werden die Schätze aus der Anfangszeit des Bauhauses in einem Neubau gezeigt.

Theaterplatz 1
Mo–So 10–18 Uhr
Tel. 54 54 00
www.klassik-stiftung.de
www.das-bauhaus-kommt.de

▷ Bus 1, 2, 5, 6, 8 (Gropiusstraße)

*Wegweisend und renommiert: Bauhaus-Exponate*

*Pilgerstätte für Freunde legendärer Kreationen: Bauhaus-Museum*

*Vor gut 100 Jahren innovativ und immer noch aktuell*

# Bauhaus-Universität

Die Weimarer Hochschule mit dem klangvollen Namen ist ein Geburtsort der Moderne in Architektur, Design und Kunst: Von 1919 bis 1925 befand sich das „Staatliche Bauhaus“ in den zwei Van-de-Velde-Bauten südlich der Altstadt. Benannt sind sie nach dem belgischen Jugendstil-Architekten Henry van de Velde (1863–1957), der die Gebäude für die Kunst- und Kunstgewerbeschule entworfen hat. Aus diesen beiden Lehranstalten ging das Bauhaus hervor. Heute gehören der flache, L-förmige Gebäudetrakt von 1905/06 und das markante Hauptgebäude, 1904–11 errichtet, zum Weltkulturerbe. Im Foyer des Hauptgebäudes steht die Statue „Eva“ des französischen Bildhauers Auguste Rodin (1912 erworben). Zeugnisse des Bauhauses sind die rekonstruierten Wandmalereien aus dem Jahr 1923 von Oskar Schlemmer und Herbert Bayer, zu finden in einem Seitenaufgang.
In den lichtdurchfluteten Ateliers arbeitete die europäische Design-Avantgarde des frühen 20. Jahrhunderts, die Bauhaus-Direktor Walter Gropius (1883–1969) nach Weimar gerufen hatte. Gelehrt wurde nach einem neuartigen Konzept, das Gesellschaftsutopie und Handwerk verband. Viele der hier entstandenen Werke sind im → **Bauhaus-Museum** ausgestellt. Das schöpferische Ideal der interdisziplinär arbeitenden Künstler zeigt beispielhaft das Gropius-Zimmer, das Büro des Direktors.
Politischer Druck konservativer Kreise zwang

*Von Henry van de Velde entworfenes Hauptgebäude*

*Der kleinere Van-de-Velde-Bau aus den Jahren 1905/06*

Geschwister-Scholl-Straße 7/8
Mo–Sa 10–18 Uhr
Tel. 58 30 00
www.uni-weimar.de

▷ Bus 1 (Bauhaus-Universität)

*Bauhaus-Künstler Herbert Bayer gestaltete den Treppenaufgang*

*Oskar Schlemmers Wandrelief im Foyer des Hauptgebäudes*

die unkonventionelle und innovative Ideenschmiede 1925 zum Umzug nach Dessau in Sachsen-Anhalt. Von dort siedelte das Bauhaus 1932 nach Berlin, wo es 1933 von den Nationalsozialisten endgültig aufgelöst wurde.
Das Bauhaus setzte weltweit Maßstäbe, ist bis heute ein Markenzeichen der Moderne und zählt zu den stilbildenden Kulturbeiträgen aus Deutschland im vergangenen Jahrhundert.
Die Bauhaus-Universität ist die drittgrößte Hochschule in Thüringen.

*Der prägende Stil des Bauhauses ist allgegenwärtig*

*Die Freude am Experiment ist weiterhin lebendig*

*Zeugen aus den Anfangsjahren der berühmten Kunstschule*

*Das neue Universitätsgebäude ist der Moderne verpflichtet*

# Burgplatz

In attraktiver Lage mit Blick auf das Weimarer Schloss befindet sich das **Residenzcafé** – kurz „Resi" genannt. Gut 150 Jahre war das 1839 gegründete Kaffeehaus populärer Platzhirsch im Schlossbezirk, dann besetzten 1988 Studenten das benachbarte Haus am Burgplatz, um dort das Autonome Cultur Centrum zu etablieren. Das **ACC** ist seitdem ein beliebtes Forum für alternative und zeitgenössische Kunst mit Galerie, Theater und Café. Im zweiten Stock des Gebäudes lag 1776/77 Goethes erste Wohnung in Weimar.

Der Schlossbezirk ist eigentlich ein Bezirk der Schlösser, in dem es recht bunt zugeht: Am Grünen Markt, der Adresse des Resi, steht nämlich das Gelbe Schloss, an das wiederum das Rote Schloss angrenzt. Das **Gelbe Schloss**, ein Gebäude aus dem 16. Jahrhundert, wurde 1704 für Herzogin Charlotte Dorothea Sophie (1672–1738) barock umgebaut. Architekt Clemens Wenzeslaus Coudray fügte 1834–38 als Erweiterung die klassizistische **Neue Wache** an. An der Kollegiengasse ist die blaugrüne Renaissancefassade des **Roten Schlosses** zu bewundern. Es wurde 1576 als Witwensitz der Herzogin Dorothea Susanna (1544–92) errichtet. Im malerischen Hof befindet sich das moderne Studienzentrum der Herzogin → **Anna Amalia Bibliothek**.

*Das Café „Resi" vor den ältesten Bauwerken des Schlosses*

*Kunst- und Kaffeegenuss vereint das Autonome Cultur Centrum*

**Residenzcafé**
Grüner Markt 4

**ACC**
Burgplatz 1/2
www.acc-weimar.de

▷ Bus alle Linien (Goetheplatz), dann Fußweg

Insignien der Herzogsfamilie
am barocken Gelben Schloss

Die klassizistische Neue Wache
neben dem Gelben Schloss

# Deutsches Bienenmuseum

Bienen sind oft unterschätzte Nutztiere. Ihre Rolle im heimischen Obstanbau ist von zentraler Bedeutung. Sie sind nicht nur fleißige Honigproduzenten, sondern nehmen eine – zunehmend gefährdete – Schlüsselposition für die Ernährung des Menschen ein. Möglich, dass Ferdinand Gerstung den Bedarf an Aufklärung über die emsigen Helfer voraussah, als er 1907 das erste Bienenmuseum in Deutschland gründete.

In den Fachwerkgebäuden eines ehemaligen Gasthofes kann man den schwarz-gelben Brummern unbesorgt näher kommen. Erklärt werden die unersetzlichen Aufgaben der Biene in Natur und Agrarwesen, ihre faszinierende Lebensweise sowie die Arbeit der Imker heutzutage und früher. Diese Spezialisten können beobachtet werden, wie sie zur Honigernte die natursüße Delikatesse aus den Waben schleudern.

Im Garten des Hauses stehen alte Bienenhäuser, und zu den 1500 Exponaten des Museums gehören historische Bienenstöcke in Menschengestalt: Die verschiedenen lebensgroßen Holzfiguren wurden im 18. und 19. Jahrhundert geschnitzt und bunt bemalt.

Unweit des Museums befindet sich die älteste Kirche auf Weimarer Stadtgebiet: Die gotische **Kirche St. Peter und Paul** im Ortsteil Oberweimar wurde 1242 als Klosterkirche gegründet.

Ilmstraße 3
Mi–So Apr.–Okt. 10–18 Uhr, Nov.– März 10–17 Uhr
Tel. 90 10 32
www.lvthi.de

▷ Bus 1 (Falkenburg, Plan Oberweimar)

*Aus den Bienenstöcken schwirren die Nektarsammler*

*Das Bienenmuseum im ehemaligen Landgasthof in Oberweimar*

*Historische Arbeitsgeräte eines Imkers*

*Nahrung für die Bienen und alte Bienenhäuser im Museumsgarten*

# Deutsches Nationaltheater

Auf dem **Theaterplatz** befindet sich das wohl bekannteste Standbild Deutschlands: das **Goethe-Schiller-Denkmal**. 1857 enthüllt, zeigt es die beiden Dichterfürsten heroisch-freundschaftlich vereint. Das bronzene Monument, entworfen vom Bildhauer Ernst Rietschel, ehrt die Poeten für ihre Verdienste um das Weimarer Theater, vor dem es steht. Das Wahrzeichen der Stadt symbolisiert aber auch den kulturellen „Geist von Weimar".
Von diesem wollten sich nach dem Ende des Kaiserreiches die über 420 Volksvertreter inspirieren lassen, die am 6. Februar 1919 im Bühnenhaus zusammentraten, das fortan Deutsches Nationaltheater hieß. Die Nationalversammlung verkündete am 11. August 1919 die erste demokratische Verfassung Deutschlands – die „Weimarer Republik" war geboren. 1949 hielt Nobelpreisträger Thomas Mann in dem Haus die zweite seiner beiden legendären Reden im geteilten Nachkriegsdeutschland.
Auch Theatergeschichte wurde hier geschrieben: Goethe leitete 1791–1817 das Ensemble und setzte unter anderem Stücke von Schiller in Szene. Neben der Schauspielkunst dient das Haus, in dem Franz Liszt und Richard Strauss dirigierten, auch der Musik.
Das Gebäude ist der dritte Theaterbau am selben Platz und entstand 1907 nach Plänen von Max Littmann.

Theaterplatz 2
Tel. 75 53 34
www.nationaltheater-weimar.de

▷ Bus 1, 2, 5, 6, 8 (Gropiusstraße)

*Festliches Foyer im Stil des Klassizismus im ersten Geschoss*

*Symbol deutscher Schauspielkunst und Geburtsort der Demokratie*

*Titanen der Theatergeschichte: Goethe-Schiller-Denkmal*

*Moderner Zuschauerraum im Deutschen Nationaltheater*

# Feininger-Kirche in Gelmeroda

Diese Dorfkirche genießt Weltruhm – dank des Faibles des Malers Lyonel Feininger (1871–1956) für ihre markante Turmspitze. 1906 zeichnete er sie zum ersten Mal und blieb ihr drei Jahrzehnte treu. Feininger verewigte sein Lieblingsmotiv auf unzähligen Gemälden, Zeichnungen, Drucken und Aquarellen. Das gotische Gotteshaus in Gelmeroda wurde auf diese Weise zu einer Ikone der expressiv-kubistischen Malerei. Der Künstler, 1919 bis 1925 am Bauhaus tätig, kehrte 1937 an seinen Geburtsort New York zurück.
Der Kirchturm des ländlichen Sakralbaus, der seit 1994 als Autobahnkirche für die nahe A 4 dient, stammt aus dem Jahr 1500. Während der Dunkelheit tauchen 28 Strahler das schmucklose Gotteshaus in farbiges Licht. Die Lichtskulptur von Peter Mittmann erzeugt prismatische Flächen, welche die Malerei Feiningers nachempfinden.
Ein Hingucker im kleinen Gelmeroda ist auch die **Neufert Box**. Der knallblaue Würfel misst an jeder Seite exakt zehn Meter und dient als Ausstellungsgebäude. Die poppige Galerie des Architekten Peter Neufert entstand 1999 neben dem **Neufert Haus**, einem Wohnhaus aus Holz, das dessen Vater Ernst Neufert 1929 im damals unkonventionellen Stil des Neuen Bauens entwarf.

*Architektur als Happening:*
*Die Neufert Box in Gelmeroda*

Holzdorfer Weg
tgl. 8–20 Uhr
www.autobahnkirche.de

**Neufert Haus**
Rudolfstädter Straße 7
Tel. 0221 / 94 02 164
www.stiftung.neufert.org

▷ Bus 6 (Gelmeroda)

*Die emporragende Kirche faszinierte Maler Lyonel Feininger*

*Ernst Neufert schuf 1929 das damals unkonventionelle Wohnhaus*

# Frauenplan

Als Johann Wolfgang von Goethe hier lebte, herrschte noch nicht so viel Trubel wie heutzutage. Auf dem Frauenplan in der Altstadt treffen sich Goethe-Verehrer aus aller Welt. Gleich neben → **Goethes Wohnhaus** befindet sich mit dem **Gasthaus Zum Weißen Schwan** eine weitere Legende. In dem altehrwürdigen Wirtshaus trank der Dichter gern mit Freunden seinen geliebten Wein. Seitdem kehren immer wieder illustre Gäste in der historischen Gaststube ein. Im Nachbarhaus wohnte Friedrich Schiller während seines ersten Aufenthaltes in Weimar 1787–89.
Anstelle der Grünfläche am Frauenplan standen bis zu ihrer Zerstörung im Zweiten Weltkrieg noch Häuser. Seit 1821 schmückt ein Brunnen den Platz, der im Volksmund **Goethebrunnen** genannt wird.
Goethes bekanntester Sekretär, Johann Peter Eckermann (1792–1854), hatte nicht weit vom Arbeitgeber seine Bleibe: In der Brauhausgasse 13 findet man das **Eckermannhaus**.
Im Haus Frauenplan 8 lebte der junge Maler Max Liebermann, als er 1868–73 an der Kunstschule studierte.
Der Name des vielbesuchten Platzes erinnert an die Kapelle Zu unserer Lieben Frau, die hier im Mittelalter stand.

*Das Gasthaus Zum Weißen Schwan verwöhnte Goethes Gaumen*

*Malerischer Winkel der Vulpiushäuser am Frauenplan*

**Gasthaus Zum Weißen Schwan**
Frauentorstraße 23
Di–So 12–23 Uhr, Okt.–Apr. So / Mo geschlossen
Tel. 90 87 51

▷ Bus 1, 5, 6, 8 (Wielandplatz), dann Fußweg

*Das Wohnhaus von Eckermann, Goethes Sekretär und Vertrauten*

*Der gusseiserne Goethebrunnen auf dem Frauenplan*

# Fürstenhaus

Fast 160 Jahre wurden von hier die Geschicke des Landes gelenkt: Nach dem Schlossbrand diente das gerade vollendete Fürstenhaus ab 1775 gut 28 Jahre als Ausweichquartier für Herzog Carl August (1757–1828) und die Herrscherfamilie. In dem frühklassizistischen Gebäude tagten anschließend die Landtage des Herzogtums, 1920–33 die Volksvertreter des thüringischen Parlaments.

Das repräsentative Bauwerk entwarf Johann Gottfried Schlegel. Heute hat die **Hochschule für Musik Franz Liszt**, 1872 als erste Orchesterschule Deutschlands gegründet, hier ihren Sitz.

Auf dem Platz der Demokratie vor dem Fürstenhaus steht das **Carl-August-Denkmal**. Das bronzene Reiterstandbild für den wichtigsten Mäzen der Weimarer Klassik, geschaffen von Adolf von Donndorf, wurde 1875 enthüllt. Das halbe Jahrhundert unter dem Herzog war eine kulturelle Blütezeit Weimars – Carl August holte etwa Goethe in die Stadt. Nach seiner Ankunft verguckte sich der Sturm-und-Drang-Dichter in die Hofdame Charlotte von Stein, die von 1777 bis zu ihrem Tod 1827 in dem barocken Gebäude hinter dem Fürstenhaus lebte. Das **Haus der Frau von Stein** an der Ackerwand 25 war nicht nur Schauplatz einer künstlerisch inspirierenden, aber komplizierten Liaison – es erinnert auch an eine der herausragenden Persönlichkeiten der Weimarer Klassik.

*Wohnhaus der Charlotte von Stein mit Blick zum Schlossturm*

**Hochschule für Musik Franz Liszt**
Platz der Demokratie 2
www.hfm-weimar.de

▷ Bus 1, 5, 6, 8 (Wielandplatz), dann Fußweg

Liberaler Regent und Freund
Goethes: Herzog Carl August

Das Fürstenhaus, Sitz der Hochschule für Musik Franz Liszt

Auch das benachbarte Rößlersche
Haus gehört zur Musikhochschule

# Gedenkstätte Buchenwald

Nirgendwo liegen die Orte von Humanismus und Barbarei so dicht nebeneinander wie in Weimar. Zehn Kilometer von den Stätten der Aufklärung entfernt errichteten die Nationalsozialisten im Juli 1937 ein Konzentrationslager (KZ). Im KZ Buchenwald auf dem Ettersberg wurden bis April 1945 rund 250 000 Menschen aus 40 Nationen eingesperrt und brutal misshandelt. Ungefähr 56 000 Gefangene überlebten Folter, Zwangsarbeit und Unterernährung nicht.
Auf dem Gelände erinnern Ausstellungen in den erhaltenen Gebäuden an die mörderischen Verbrechen der NS-Diktatur – aber auch an Widerstand und Kunst der Inhaftierten. Ebenso wird der Opfer gedacht: Homosexuelle, Juden, Kriegsgefangene und politische Häftlinge, Roma und Sinti sowie Zeugen Jehovas.
Am Hang mit Blick Richtung Weimar wurde 1958 das monumentale **Buchenwald-Mahnmal** eingeweiht. Die Anlage aus Glockenturm und einer Gruppenplastik von Fritz Cremer liegt neben Massengräbern, in denen noch im April 1945 Leichen verscharrt wurden. Das unvorstellbare Leid und die willkürlichen Grausamkeiten der NS-Schergen beschrieben ehemalige Häftlinge wie der spanische Schriftsteller Jorge Semprun (1923–2011), der Ungar Imre Kertész (geb. 1929) und der aus Leipzig stammende Autor Bruno Apitz

99427 Weimar-Buchenwald
Außenanlagen: tgl. bis Einbruch der Dunkelheit
Museen: Di–So Apr.–Okt. 10–18 Uhr,
Nov.–März 10–16 Uhr
Tel. 43 02 00 und 74 75 40
www.buchenwald.de

▷ Bus 6 (Buchenwald)

*Ausstellung über das organisierte Morden und dessen Opfer*

*Zynische Inschrift im Tor zum KZ Buchenwald*

Das Buchenwald-Mahnmal
am Hang des Ettersberges

Das Torgebäude, Symbol staatlichen
Terrors in der NS-Diktatur

(1900–79), Letzterer in seinem später verfilmten Roman „Nackt unter Wölfen". Von Eugen Kogon (1903–87) stammt das Standardwerk über den organisierten Terror „Der SS-Staat". Der Buchenwald-Überlebende Elie Wiesel (geb. 1928) war Vorsitzender des United States Holocaust Memorial Council.
Zur am häufigsten besuchten Gedenkstätte Weimars gehört auch die eigenständige Dokumentation zum **Sowjetischen Speziallager Nr. 2**, in dem 1945–50 erneut mehr als 28 000 Menschen aus politischen Gründen interniert wurden. Rund 7000 Häftlinge überlebten die Torturen nicht. Ihre Gräber wurden erst in den 1990er Jahren lokalisiert und kenntlich gemacht.

*In der Effektenkammer befindet sich die Hauptausstellung*

*Krematorium, Zeugnis der grausamen NS-Tötungsmaschine*

*Hier nahm die SS den Häftlingen ihre persönliche Habe weg*

*Mahnmal für jüdische Häftlinge innerhalb des ehemaligen Lagers*

# Geleitschenke

Abseits der Besucherströme findet man die prächtigste Fachwerkfassade der Altstadt. Auf dem Weg zwischen → **Goetheplatz** und **Herderplatz** liegt die Geleitschenke an einem romantischen Plätzchen am Rande der Geleitstraße. Errichtet wurde das Gebäude mit dem imposanten Giebel Mitte des 16. Jahrhunderts. Genutzt wurde es als Speicher und Gasthaus. Auch heute lockt ein Lokal mit original Thüringer Küche. Der Dichter Salomon Franck (1659–1725), dessen unzählige Kirchenlieder von Johann Sebastian Bach vertont wurden, lebte in dem Fachwerkhaus.

Den Vorplatz schmückt einer der Brunnen, die Großherzogin Maria Pawlowna 1847/48 in der Stadt errichten ließ.

Das historische Gehöft Scherfgasse, Ecke Geleitstraße ist Adresse des vornehmen Restaurants **Johanns Hof**. Vornehm ist auch das nahe **Hotel Anna Amalia** an der Geleitstraße 12. In der Vorgängerherberge namens Chemnitius logierten die Prager Literaten Franz Kafka und Max Brod, als sie 1912 in Weimar weilten.

Geleitstraße / Scherfgasse 4

▷ Bus alle Linien (Goetheplatz)

*Im Hotel Anna Amalia nächtigten Franz Kafka und Max Brod*

*Nostalgische Entdeckungstour durch verwinkelte Altstadtgassen*

*Weimars schönster Fachwerkbau: Die Geleitschenke*

*Bronzeskulptur „Mutter mit Kind" von Donndorf in der Geleitstraße*

# Goetheplatz

Der zentrale Platz am Rande der Altstadt zeigt sich im Gewand des 19. Jahrhunderts. An seiner Westseite befindet sich das exklusive **Hotel Russischer Hof**. Vor mehr als 200 Jahren öffnete das von Anton Georg Hauptmann 1803–05 errichtete Hotel seine Pforten. Zu den berühmten Gästen gehörten Franz Liszt, Friedrich Hebbel, Richard Wagner, Clara und Robert Schumann sowie Heinrich Mann. Vis-à-vis dominiert das 1860 erbaute **Vereinshaus** des Architekten Ferdinand Streichhan den grünen Platz, das als Jugendzentrum genutzt wird. Streichhan entwarf auch den kleinen Tempel im Stil der griechischen Antike am Zugang zur Wielandstraße. Einst diente das 1859 realisierte **Lesemuseum** der bürgerlichen Lesegesellschaft.

Ein Architektur-Highlight ist auch die **Musikschule Ottmar Gerster** an der Liebknechtstraße. Clemens Wenzeslaus Coudray schuf das klassizistische Baujuwel 1821–25 für die damalige Bürgerschule.

Nördlich des Platzes befindet sich die 1880 erbaute **Kunsthalle**, die unter Direktor Harry Graf Kessler 1903–06 für Furore sorgte. Ausgestellt wurden damals Werke von Monet, Cézanne, Gauguin und Rodin.

Aus dem stilistischen Rahmen fällt der **Kasseturm**, ein erhaltener Wehrturm der einstigen Stadtmauer mit einem Kegeldach. Im Gewölbe aus dem 15. Jahrhundert feiern heute Weimars Studenten.

**Kunsthalle Harry Graf Kessler**
Goetheplatz 9b
Tel. 49 95 19
www.stadtmuseum.weimar.de

▷ Bus alle Linien (Goetheplatz)

*Weimarer Klassizismus von Baumeister Coudray: Die Musikschule*

*Kunsthalle Harry Graf Kessler mit wechselnden Ausstellungen*

*Der Kasseturm ist ein Relikt der mittelalterlichen Stadtmauer*

*Das exklusive Hotel Russischer Hof am Goetheplatz*

# Goethes Gartenhaus

Das malerische Wahrzeichen Weimars war das erste eigene Wohnhaus des Dichters Johann Wolfgang von Goethe. 1776 erwarb der junge Autor das schlichte Haus im heutigen → **Park an der Ilm**. Finanziell unterstützt hatte ihn Herzog Carl August, der den rebellischen Geist damit an Weimar binden wollte. Als Grundbesitzer erhielt Goethe die Bürgerrechte und konnte so in den Staatsdienst eintreten. Das Gartenhaus steht für sechs bewegte Jahre als Junggeselle, eine geheimnisumwitterte Affäre mit Charlotte von Stein sowie Arbeiten an Gedichten, Prosa und Theaterstücken.
In den zwei Stockwerken ist Goethes damalige Lebenssituation mit originalem Inventar nachgestellt. Bemerkenswert ist sein Klappbett, das er auf seine Reisen mitnahm. Vor seinem Stehpult im Arbeitszimmer steht ein Sitzbock in Form eines Sattels, auch „Reiter" genannt. Der Dichter brachte die Spaliere an den Hauswänden an und verlegte vor der Tür ein Mosaik. Viel Zeit verbrachte er auch mit der Gestaltung des Gartens. Originalgetreu rekonstruiert, ist er eine stimmungsvolle Zierde mit bunten Blumenrabatten und Obstbäumen. Nach Goethes Umzug an den → **Frauenplan** blieb das Häuschen zeitlebens sein Refugium. Sein Enkel Walther vermachte das Kleinod dem Großherzogtum, welches es 1886 als Goethes Gartenhaus der Öffentlichkeit zugänglich machte.

*Malerisch im Tal des Ilmparks liegt das Gartenhaus*

Corona-Schröter-Weg
Mi–Mo Apr.–Okt. 10–18 Uhr, Nov.–März 10–16 Uhr
Tel. 54 54 00
www.klassik-stiftung.de

▷ Bus 1 (Bauhaus-Universität), dann Fußweg

*Goethes erster Grundbesitz – ein Muss für jeden Weimar-Besucher*

*Das Häuschen blieb Goethes lebenslanges Refugium*

*Die bescheidene Kochnische des noch armen Poeten*

# Goethes Wohnhaus

Gut ein halbes Jahrhundert lebte Johann Wolfgang von Goethe (1749–1832) in seinem Haus am → **Frauenplan**. Im Domizil des Dichters, Naturforschers und Staatsmannes trafen sich namhafte Zeitgenossen aus Kultur und Politik. Hier entstand Literatur von Weltrang, darunter die Tragödie „Faust".
Nachdem Goethe ab 1782 zunächst Mieter in dem barocken Bürgerhaus gewesen war, schenkte es ihm Herzog Carl August 1794. Der neue Hausherr ließ das stattliche Gebäude – Baujahr 1709 – nach seinen Vorstellungen im strengen Klassizismus durch Johann Friedrich Meyer und Christian Friedrich Schuricht umbauen.
Das beeindruckende Universum des berühmten Dichters ist fast unverändert geblieben und gleicht einem Museum. Goethe trug eine faszinierende Vielfalt aus Natur, Kunst und Kuriositäten zusammen. Seine Sammlung von rund 50 000 Objekten umfasst neben den Kunstschätzen und 2000 eigenen Zeichnungen auch eigenartige Experimentiergeräte und zigtausend Mineralien – Zeugnisse seines naturwissenschaftlichen Interesses.
Das zweigeschossige Wohnhaus ist entsprechend dem antiken Ideal und nach Goethes Farbenlehre gestaltet. Der Rundgang führt durch repräsentative Räume wie das Junozimmer oder das Brückenzimmer, durch das Reich seiner Gefährtin Christiane und zum privaten Bereich des Poeten. Neben seiner

*Den Garten im Hof nutzte der Hausherr für botanische Studien*

Frauenplan 1
Di–So Apr.–Okt. 9–18 Uhr (Sa bis 19 Uhr außer Okt.), Nov.–März 9–16 Uhr
Tel. 54 54 00
www.klassik-stiftung.de

▷ Bus 1, 5, 6, 8 (Wielandplatz), dann Fußweg

Das Wohnhaus des Dichterfürsten Goethe am Frauenplan

Römische Begrüßung für die Gäste Goethes

Im Gelben Salon fanden die geselligen Runden statt

Bibliothek mit rund 7000 Bänden befindet sich das Heiligtum des Hauses: Goethes Arbeitszimmer. Im kleinen Nachbarraum starb das Genie in seinem Lehnstuhl am 22. März 1832.
Der großzügige Garten diente dem Besitzer zu botanischen Studien.
Dem seit 1886 öffentlich zugänglichen Wohnhaus wurde 1913/14 das **Goethe-Nationalmuseum** angefügt, in dem eine neukonzipierte ständige Ausstellung über Leben und Werk des Dichterfürsten informiert.

*Ort der Konzentration: Das Arbeitszimmer des großen Dichters*

*Das Junozimmer mit Büste der antiken Göttin und Piano*

*Die Wohnräume gestaltete Goethe nach seiner Farbenlehre*

*Kunstschätze und Kuriositäten sind im Wohnhaus ausgestellt*

# Goethe- und Schiller-Archiv

Dieses Gebäude hütet wertvolle Schätze der deutschsprachigen Kultur. Neben den originalen Manuskripten der Dichter Goethe und Schiller befinden sich in Deutschlands ältestem Literaturarchiv 130 Nachlässe bedeutender Autoren und Denker, darunter von Christoph Martin Wieland, Gottfried Herder, Friedrich Nietzsche, Georg Büchner, Heinrich Heine, Bettina von Arnim und vielen mehr. Rund eine Million Schriften von mehr als 3000 Persönlichkeiten, Gelehrten und Künstlern bewahrt die Institution auf. Im Jahr 1885 gegründet, ist das Archiv nicht nur ein Paradies für Wissenschaftler: Handschriften berühmter Denker und interessante Schriftstücke werden auch für das breite Publikum ausgestellt.

Das Archiv besitzt auch das weltweit größte Konvolut des Komponisten und Klaviervirtuosen Franz Liszt. Gegenüber dem Archivgebäude befindet sich das Haus **Altenburg**, in dem das Musikgenie mit seiner Lebensgefährtin Fürstin Carolyne von Sayn-Wittgenstein von 1848 bis 1861 lebte. Das klassizistische Domizil Liszts war gesellschaftlicher Mittelpunkt des „Silbernen Zeitalters" in Weimar. Heute finden im Liszt-Salon Konzerte statt.

Über die **Sternbrücke** aus dem Jahr 1653 führt der Weg über die Ilm zum → **Residenzschloss**.

*Archiv für die Originale deutscher Geistesgrößen*

*Idylle an der Ilm: Weimars älteste Brücke, die Sternbrücke*

Hans-Wahl-Straße 4
Tel. 54 54 00
www.klassik-stiftung.de

**Altenburg**
Jenaer Straße 3
Besichtigung auf Anfrage
Tel. 55 51 38
www.hfm-weimar.de

▷ Bus 1, 2, 3, 9 (Friedensstraße), alle Linien (Goetheplatz)

Foto: Klassik Stiftung Weimar

Foto: Klassik Stiftung Weimar

*Künstlerhochburg des Silbernen Zeitalters: Haus Altenburg*

*Am Hang über der Ilm befindet sich das Archivgebäude*

# Haus Am Horn

Was heute wie ein bescheidener, unauffälliger Bungalow wirkt, war zur Zeit der Entstehung eine architektonische Innovation. Georg Muche (1895–1987) entwarf das schmucklose weiße Gebäude als Musterhaus für die erste Ausstellung der Bauhaus-Schule 1923. Um ein quadratisches Wohnzimmer gruppieren sich die übrigen Räume. Das Haus Am Horn zeigt exemplarisch die von Walter Gropius geförderte Philosophie des sachlichen und kostengünstigen Bauens. Heute wird das Architekturdenkmal für Ausstellungen zeitgenössischer Kunst genutzt.

Die ursprüngliche Bauhaus-Idee einer modernen Wohnsiedlung auf dem Bergrücken „Horn" nimmt seit der Jahrtausendwende unter dem Namen **Neues Bauen am Horn** Gestalt an. Das für Architekturliebhaber interessante Viertel liegt zwischen Leibnizallee, Albrecht-Dürer-Straße und Otto Bartning-Straße.

Der Hang oberhalb des → **Parks an der Ilm** war eine bevorzugte Adresse für wohlhabende Bürger und Künstler. Am Horn 53 lebte der Schweizer Maler Paul Klee (1879–1940), als er 1921–25 am Bauhaus tätig war. Die mondäne neobarocke Villa Ithaka Am Horn 25, die sich der Dramatiker Ernst von Wildenbruch (1845–1909) bauen ließ, entwarf Architekt Paul Schultze-Naumburg.

Am Horn 61
Mi, Sa / So 11–18 Uhr
Tel. 90 40 56
www.hausamhorn.de

▷ Bus 2, 9 (Eduard-Mörike-Straße)

**Neues Bauen am Horn**
Georg-Muche-Platz
www.uni-weimar.de / horn

▷ Bus 2, 9 (Jenaer Straße)

*Radikaler Bruch mit der Tradition: Das Haus Am Horn von 1923*

*Gegenwartsarchitektur als Reverenz an die Utopien des Bauhauses*

*Die Villa Ithaka entstand noch im Stil vergangener Baukunst*

*Hier lebte der Schweizer Bauhaus-Künstler Paul Klee*

# Haus Hohe Pappeln

Mit Henry van de Velde (1863–1957) konnte der Großherzog von Sachsen-Weimar-Eisenach vor über 100 Jahren einen herausragenden Universalkünstler gewinnen. Der visionäre Architekt und phantasievolle Designer aus Belgien wirkte von 1902 bis zum Ersten Weltkrieg in Weimar. Als Gründer und Direktor der Kunstgewerbeschule (1907) war er Wegbereiter für das aus dieser Anstalt hervorgehende Bauhaus. Überragend sind seine Inneneinrichtungen im Jugendstil, etwa für das → **Nietzsche-Archiv**.

Erhalten geblieben ist auch sein eigenes Wohnhaus, das van de Velde für seine Familie 1907/08 realisierte. Das für die damalige Zeit eigenwillig gestaltete Haus Hohe Pappeln erregte viel Aufmerksamkeit. Umfassend restauriert, wird es seit 2003 als Museum genutzt. Zugänglich ist die Beletage mit dem repräsentativen Salon. Ausgestellt sind Möbelstücke, die van de Velde 1904 für den Schriftsteller Max von Münchhausen entworfen hat. Zu den Raritäten des kostbaren Interieurs gehört auch eine schön geformte Deckenleuchte.

Van de Velde war Schöpfer eines eleganten Jugendstils. Über Grenzen hinweg europaweit tätig, wurde sein Schaffen in Weimar nach Ausbruch des Ersten Weltkrieges jäh beendet. 1917 verließ er mit seiner Familie Deutschland.

*Interieur im Jugendstil, entworfen von Henry van de Velde*

*Möbelkreationen des Künstlers in seinem ehemaligen Wohnhaus*

*Das Haus Hohe Pappeln von Henry van de Velde*

Belvederer Allee 58
Di–So Apr.–Okt. 13–18 Uhr
Tel. 54 54 00
www.klassik-stiftung.de

▷ Bus 1 (Papiergraben)

*Henry van de Velde baute sich sein Eigenheim im Grünen*

# Herderkirche

Das gotische Gotteshaus im Herzen der Altstadt heißt eigentlich **Stadtkirche St. Peter und Paul**, wird jedoch allgemein nach seinem berühmtesten Pastor benannt: Johann Gottfried Herder (1744–1803) predigte hier von 1776 bis zu seinem Tod. Neben seiner theologischen Tätigkeit befasste er sich leidenschaftlich mit Literatur, Sprache und Volksliedern. Herder schrieb in Weimar sein Hauptwerk „Ideen zur Philosophie der Geschichte der Menschheit". Sein Grabmal befindet sich im mittleren Kirchenschiff unter einer gusseisernen Platte, auf der Herders Wahlspruch „Licht Liebe Leben" um die griechischen Buchstaben Alpha und Omega eingraviert ist.
In dem um 1500 errichteten Gotteshaus sind Kostbarkeiten sakraler Kunst zu sehen: Der Lutherschrein zeigt den Reformator in verschiedenen Lebensphasen als Mönch, Magister und Junker Jörg. Das Triptychon stammt aus dem Jahr 1572. In der Stadtkirche hatte Martin Luther mehrmals für den Protestantismus gepredigt.
Ein Meisterwerk der Renaissance ist der Cranach-Altar – ein Jahr vor seinem Tod von Lucas Cranach d.Ä. (1472–1553) begonnen und von seinem Sohn Lucas Cranach d.J. (1515–86) vollendet. Neben dem gekreuzigten Christus sind der verstorbene Maler und dessen Freund Luther dargestellt. Die Stifter des Kunstwerks, Herzog Johann Friedrich von Sachsen und seine Gemahlin Sybille, sind

**Stadtkirche St. Peter und Paul**
Herderplatz
Offene Kirche tgl. 10–12 Uhr, 14–16 Uhr
www.ev-kirchgemeinde-weimar.de

▷ Bus alle Linien (Goetheplatz), dann Fußweg

*Wirkstätte des Pastors Herder – die Stadtkirche St. Peter und Paul*

*Die Grabplatte von Johann Gottfried Herder*

*Die gotische Herderkirche wurde 1734–45 barock umgestaltet*

*Eines der bedeutenden Kunstwerke ist der Lutherschrein*

auf dem linken Seitenflügel verewigt. Im Chor hängt ferner die schlichte Grabtafel der Herzogin Anna Amalia, die 1807 als letzte Angehörige des Weimarer Hofes in der Herderkirche beigesetzt wurde. Rund 50 weitere wertvolle Grabdenkmale befinden sich im Kirchenraum, der 1734–45 im barocken Stil gestaltet wurde.

*Der Taufstein aus Sandstein stammt aus dem Mittelalter*

*Tief beeindruckt lauschte Schiller den Predigten Herders*

*Im Chor der Herderkirche steht der berühmte Cranach-Altar*

# Herders Wohnhaus

Die Wohnung Johann Gottfried Herders ist noch immer ein Haus der evangelischen Kirche. In einer idyllischen Gasse direkt neben dessen einstiger Wirkstätte, der → **Herderkirche**, liegt der Zugang zum sogenannten **Herderhof**. Von 1776 bis zu seinem Tod lebte der Theologe und Philosoph mit seiner Familie in dem Pfarrhaus. Es stammt aus der Mitte des 16. Jahrhunderts und wurde 1726/27 barock umgestaltet. Hinter dem Haus verbirgt sich ein bezaubernder Garten mit Zier- und Nutzpflanzen, den Herder einst nach seinen Vorstellungen angelegt hatte.
Folgt man der Gasse, kommt man zum **Alten Gymnasium**. 1716 erbaut, ist es das älteste noch bestehende Schulgebäude Weimars. Auch Herder gab hier Unterricht.
Schräg gegenüber, an der Vorwerksgasse, befindet sich das **Deutschritterhaus** aus dem Jahr 1566, mit prächtigem Portal und Renaissancegiebel.
Wundervolles Altstadtflair herrscht auf dem ehemaligen Töpfermarkt, der seit 1850 **Herderplatz** heißt. Zur gleichen Zeit wurde das **Herder-Denkmal** vor der Stadtkirche eingeweiht. Ludwig Schaller entwarf das erste der drei Standbilder, die an das literarische Quartett der Weimarer Klassik Herder, Wieland, Schiller und Goethe erinnern.

*Der Garten Herders ist ein romantisches Kleinod*

**Herderhof**
Herderplatz 8
Mo–Fr 10–18 Uhr, Sa 10–14 Uhr
Tel. 49 54 06
www.herderhof.de

▷ Bus alle Linien (Goetheplatz), dann Fußweg

*Bauwerk der Renaissance am Herderplatz: Das Deutschritterhaus*

*Das Denkmal Herders steht vor der Stadtkirche St. Peter und Paul*

*Im Pfarrhaus hinter der Stadtkirche lebte Johann Gottfried Herder*

# Herz-Jesu-Kirche

Das Gotteshaus am August-Frölich-Platz ist ein außergewöhnliches Bauwerk. Vorbild für die Gestaltung der katholischen Herz-Jesu-Kirche war der berühmte Dom in Florenz.
Die charakteristischen Merkmale der italienischen Kathedrale – Turm und Kuppel – sind unverkennbar. Architekt Max Meckel übertrug die Formen der südländischen Spätgotik und Renaissance auf die Weimarer Kirche, die nach zwei Jahren Bauzeit 1891 geweiht wurde. Natürlich ist das Thüringer Gotteshaus wesentlich kleiner als der Dom in der Arnostadt.
Vor der Herz-Jesu-Kirche erstreckt sich die Steubenstraße, in der zwei Persönlichkeiten wohnten, die unsere Lebenswelt maßgeblich beeinflussten, in bestimmten Bereichen sogar revolutionierten. In der Steubenstraße 32 lebte Walter Gropius (1883–1969), stilprägender Architekt der Moderne und Gründer der Bauhaus-Schule. Im Eckhaus zur Prellerstraße 2 lebte Rudolf Steiner (1861–1925). In Weimar schrieb er sein Werk „Philosophie und Freiheit", das die Grundlagen der von ihm gegründeten Anthroposophie enthält. Steiner arbeitete 1890–97 am → **Goethe-und-Schiller-Archiv** an der Ausgabe von Goethes naturwissenschaftlichen Schriften, die Inspiration für seine Weltanschauung waren.

*Der schmuckvolle Giebel ist eine Zierde des Wohnviertels*

August-Frölich-Platz
www.herzjesu-weimar.de

▷ Bus 2 (Katholische Kirche)

*Die Herz-Jesu-Kirche ist dem Dom von Florenz nachempfunden*

*Possierlicher Froschbrunnen in der Steubenstraße*

*Wohnhaus von Rudolf Steiner, Gründer der Anthroposophie*

# Historischer Friedhof mit Fürstengruft

Der südlich der Altstadt gelegene, 200 Jahre alte Friedhof ist die letzte Ruhestätte zahlreicher berühmter Persönlichkeiten. Liebhaber deutscher Literatur zieht es zuallererst zur Fürstengruft. Das Bauwerk ist ein beeindruckendes Zeugnis der freundschaftlichen Verbundenheit des Herzogs Carl August mit Goethe und Schiller. Im Auftrag des Regenten 1824–27 im klassizistischen Stil errichtet, wurden hier neben dem Sarkophag des 1828 verstorbenen Carl August auch die Eichensärge der Dichterfürsten aufgestellt. Nach der Umbettung Friedrich Schillers vom Jakobsfriedhof fand Johann Wolfgang von Goethe 1832 an der Seite seiner Gefährten seine letzte Ruhestätte.

In der Grablege befinden sich weitere Särge der Herzogsfamilie. Das Mausoleum entwarf Baumeister Clemens Wenzeslaus Coudray (1775–1845), der ebenfalls auf dem Friedhof bestattet wurde. Ganz in seiner Nähe liegt Charlotte von Stein (1742–1827). Johann Peter Eckermann (1792–1854), Goethes letzter Vertrauter, ruht unmittelbar neben der Fürstengruft.

Diese wird überragt von der **Russisch-orthodoxen Kapelle**, gebaut für die Großherzogin Maria Pawlowna (1786–1859), Tochter des russischen Zaren, die nach den Traditionen ihrer Heimat begraben werden wollte. Das russisch-byzantinische Bauwerk mit vergoldeten Zwiebelkuppeln entstand 1860–62 nach

Am Poseckschen Garten
tgl. Apr.–Sept. 10–18 Uhr, Okt.–März 10–16 Uhr
Tel. 54 54 00
www.klassik-stiftung.de

▷ Bus 5, 6, 8 (Am Poseckschen Garten)

*Charlotte von Stein ist auf dem Historischen Friedhof begraben*

*Grabstein des Architekten der Fürstengruft, Coudray*

*Liebevoll restaurierte Eingangs-
halle der Fürstengruft*

*In der Fürstengruft ruhen die
Dichter Goethe und Schiller*

*Das klassizistische Mausoleum
im Zentrum des Friedhofes*

Plänen von Ferdinand Streichhan und gründet in russischer Erde.
Zu jener Zeit wurde der Historische Friedhof nach Süden erweitert: Auf dem angrenzenden Hauptfriedhof errichtete Bauhaus-Direktor Walter Gropius 1922 das **Denkmal für die Märzgefallenen**. Das ausdrucksstarke Mahnmal erinnert an die Weimarer Opfer des Kapp-Putsches von 1920. In der NS-Diktatur zerstört, wurde es nach dem Zweiten Weltkrieg wiederaufgebaut.

*Goethes Sekretär wurde neben der herzoglichen Gruft bestattet*

*Expressives Denkmal für die Märzgefallenen von Walter Gropius*

*Die russisch-orthodoxe Kapelle hinter der Fürstengruft*

*Verwunschene Grabsteine der Familie Wieland*

# Jakobskirche

Wer die letzte Ruhestätte des Dichters Friedrich Schiller besuchen möchte, sollte zum idyllischen Friedhof der Jakobskirche gehen. Nach neuesten Erkenntnissen der Wissenschaft befinden sich nämlich die Gebeine des Genies noch immer in dessen erstem Grab.
Im Kassengewölbe im hinteren Bereich des Jakobskirchhofes wurde Schiller nach seinem Tod am 9. Mai 1805 beigesetzt. Das schlichte barocke Mausoleum diente seit 1742 als Sammelgrab für verdiente Bürger Weimars. Mehr als zwei Jahrzehnte nach Schillers Tod sollten seine sterblichen Reste in die **Fürstengruft** umgebettet werden – man irrte sich jedoch bei der Auswahl des Skeletts.
Der Dramatiker befindet sich dennoch in bester Gesellschaft: An der Südwand der Kirche fand Lucas Cranach d.Ä. (1472–1553) seine letzte Ruhe. Gegenüber der (nachgebildeten) Grabplatte mit dem lebensgroßen Abbild des bedeutenden Renaissancemalers wurde Christiane Vulpius (1765–1816) beigesetzt. Sie war die langjährige Lebensgefährtin Goethes, der sie 1806 nach 18 Jahren „wilder Ehe" in der Jakobskirche heiratete.
Das Gotteshaus wurde 1712/13 errichtet, der Kirchhof ist bereits seit dem 12. Jahrhundert Begräbnisplatz der Stadt. Vom Kirchturm hat man eine schöne Aussicht auf Weimar.

Am Jakobskirchhof / Rollplatz 4
Apr.–Okt. Mo–Sa 10–16 Uhr, So 11–16 Uhr,
Nov.–März tgl. 11–16 Uhr
www.ek-weimar.de

▷ Bus 1, 2, 3, 9 (Friedensstraße)

Grabplatte des Renaissance-künstlers Lucas Cranach d.Ä.

*In der Jakobskirche schloss Goethe 1806 den Bund der Ehe*

*Grab der Ehefrau Goethes mit Trauervers des berühmten Gatten*

*An der Jakobskirche liegt Weimars ältester Friedhof*

# Kirms-Krackow-Haus

Ein wunderschönes Beispiel bürgerlicher Wohnkultur der Vergangenheit ist das Kirms-Krackow-Haus. Der Innenhof ist ein Kleinod, das mit hölzernen Galerien und Fenstern aus Butzenglas noch den rustikalen Charme der Renaissance besitzt. Begeistert äußerte sich schon der dänische Märchendichter Hans Christian Andersen über den Hausgarten des Anwesens, als er Mitte des 19. Jahrhunderts hier zu Gast war.
Seit 1701 besaß die Familie Kirms das Gebäude, ließ es aufstocken und 1783–86 umbauen. Die am Hofe des Herzogs tätigen Besitzer waren bekannte Gastgeber der Weimarer Gesellschaft. Diese Tradition setzte Karoline Kirms-Krackow nach ihrer Heirat 1823 fort. Die seitdem unveränderten Räume können besichtigt werden, das Interieur entspricht dem Stil der klassischen und nachklassischen Zeit.
An das Haus grenzt die beschauliche Luthergasse, wo der Reformator Martin Luther während seiner Aufenthalte in Weimar zwischen 1518 und 1540 mehrmals im heute nach ihm benannten **Lutherhof** gewohnt haben soll. Sicher ist, dass Christoph Martin Wieland 1773–77 an der Luthergasse lebte. Das kleine **Haus Vulpius** am Ende der Gasse, Nr. 5, war Geburtshaus und Kinderstube von Christiane Vulpius, der späteren Ehefrau Goethes.

*Der Lutherhof an der abgeschiedenen Luthergasse*

Jakobstraße 10
Fr 13.30–17 Uhr, Sa / So 10–17 Uhr
Tel. 85 03 84
www.thueringerschloesser.de

▷ Bus alle Linien (Goetheplatz), dann Fußweg

*Gedenkstätte für den Gründer eines Waisenhauses im Lutherhof*

*Malerischer Hof des traditionsreichen Kirms-Krackow-Hauses*

*Das bescheidene Geburtshaus der Partnerin Goethes, Christiane Vulpius*

# Liszt-Haus

*Im gediegenen Salon steht der Bechstein-Flügel von Liszt*

Der geniale Musiker Franz Liszt (1811–86) hatte in Paris, Wien und Budapest bereits Ruhm erlangt, als er 1842 nach Weimar zog. Dort leitete der experimentierfreudige Pianist, Komponist und Dirigent bis 1858 die Hofkapelle und das Musiktheater. Seine Tätigkeit wirkte belebend auf das kulturelle Leben der Stadt und zog prominente Künstler an. Weimar entwickelte sich zu einem Zentrum des internationalen Musikgeschehens.
Als nächste Lebensstation des rastlosen Franz Liszt folgte Rom. Der auf Europas Konzertbühnen gefeierte Star kehrte jedoch Jahre später zurück und verlebte ab 1869 bis zu seinem Tod die Sommermonate in Weimar.
In seinem damaligen Wohnhaus, wo er auch Klavierunterricht gab, erinnert ein Museum an Leben und Werk des großen Künstlers.
Da der größte Teil seines Nachlasses in der Residenzstadt verblieb, herrscht im Liszt-Haus eine authentische Atmosphäre. Im Salon steht sein Bechstein-Flügel, ebenso ist das „stumme Klavier" zu sehen, welches das Genie zum Üben während seiner vielen Konzertreisen nutzte. Die Zeit Liszts und seinen Einfluss auf die Entwicklung der klassischen Musik erläutert eine multimediale Ausstellung im Erdgeschoss.
Das klassizistische Haus wurde ursprünglich 1798 für die Hofgärtnerei erbaut.

*Die privaten Räume des großen Komponisten*

Marienstraße 17
Di–So 10–18 Uhr, Okt.–März nur Sa / So 10–16 Uhr
Tel. 54 54 00
www.klassik-stiftung.de

▷ Bus 1 (Bauhaus-Universität)

*Sommerdomizil von Franz Liszt in seinen letzten Lebensjahren*

*Liszt war ein umjubelter Star auf Europas Konzertbühnen*

# Markt

Das Herz der Stadt ist der Markt, an dem sich mehrere Attraktionen befinden. Berühmt ist das **Hotel Elephant**. Der ältesten Herberge Weimars setzte Nobelpreisträger Thomas Mann ein literarisches Denkmal. Mit seinem Roman „Lotte in Weimar" bleibt das über 300 Jahre alte Hotel als zentraler Schauplatz der Goethezeit lebendig. In der NS-Zeit wurde der Altbau abgerissen und 1937 neu erbaut. Zur Wiedereröffnung nach dem Zweiten Weltkrieg 1955 trug sich Thomas Mann als erster Gast in das Gästebuch ein.
Neben dem Fünf-Sterne-Hotel befindet sich der **Schwarze Bär**, 1540 erstmals erwähnt und damit ältester Gasthof Weimars. Aus dieser Zeit stammt auch das **Cranachhaus**, ein prachtvolles Doppelhaus mit farbigen Renaissance-Ornamenten (1547–49 erbaut). In der linken Hälfte (Markt 11) verlebte Lucas Cranach d.Ä. sein letztes Lebensjahr. Der erfolgreiche Renaissancemaler starb 1553 mit 81 Jahren. Ein Schmuckstück der Altstadt ist auch das benachbarte **Stadthaus** mit dem spätgotischen Giebel.
Auf der gegenüberliegenden Seite des historischen Platzes befindet sich das **Rathaus**. 1841 wurde es im Stil der Neogotik nach Entwürfen von Heinrich Heß fertiggestellt. In dem markanten Turm erklingt ein Glockenspiel aus Meißner Porzellan.
Vor der rekonstruierten **Hofapotheke**, seit 1567 am Markt ansässig, steht der **Neptun-**

**Ginkgo-Museum**
Windischenstraße 1
Mo–Fr 10–17.30 Uhr, Sa / So 10–15.30 Uhr
Tel. 80 54 52
www.ginkgomuseum.com

▷ Bus alle Linien (Goetheplatz), dann Fußweg

*Schmuckstück des Marktplatzes ist das Cranachhaus*

*Farbenfroher Fassadenschmuck der Renaissance am Cranachhaus*

*Seit 500 Jahren lockt der Schwarze Bär Gäste an*

*Logis der Dichter und Denker: Das legendäre Hotel Elephant*

**brunnen**. Die barocke Sandsteinfigur schuf Bildhauer Martin Gottlieb Klauer 1774. Anwohner am Markt (Kaufstraße 1) war in seiner Jugend Carl Zeiss (1816–88), Gründer der weltberühmten optischen Werke. Das lebendige Treiben der Obst- und Gemüsehändler prägt nach wie vor die Atmosphäre des geschichtsträchtigen Ortes. Sehenswert ist auch das **Ginkgo-Museum**, in dem sich alles um den exotischen Baum aus Japan dreht, über den Goethe ein bekanntes Gedicht schrieb.

*Das Stadthaus: Kulisse für Cafés und Bratwurststände*

*Der asiatische Ginkgo-Baum als museales Ausstellungsstück*

*Der imposante Neptunbrunnen vor der historischen Hofapotheke*

*Im neogotischen Stil gestaltetes Rathaus von Weimar*

# Marstall und Albert-Schweitzer-Gedenkstätte

Nördlich des → **Residenzschlosses** befindet sich am Kegelplatz ein spätbarockes Baudenkmal, das an zwei bedeutende Persönlichkeiten erinnert. In dem schmucken Bürgerhaus lebte Carl August Musäus (1735–87) von 1770 bis zu seinem Tod. Der Lehrer und Schriftsteller sammelte Märchen und veröffentlichte sie. Viele der Erzählungen sind bis heute bekannt. 1984 zog die Gedenkstätte für Albert Schweitzer (1875–1965) in das Haus. Der Arzt wurde durch seinen selbstlosen Einsatz in Afrika weltberühmt und erhielt 1952 den Friedensnobelpreis. Eine Ausstellung zeigt die Lebensstationen des großen Humanisten und Goethe-Kenners. Auf dem Platz steht seit 1968 das **Albert-Schweitzer-Denkmal** von Gerhard Geyer.
An den Kegelplatz grenzt der repräsentative **Marstall**, in dem sich das Hauptstaatsarchiv des Landes Thüringen befindet. Die 1878 nach Plänen von Ferdinand Streichhan errichteten Stallungen besetzte 1938–45 die Gestapo. Im Hof erinnert das Mahnmal „Zermahlene Geschichte" an Terror und Folter in jener Zeit. Das Bodendenkmal von Horst Hoheisel und Andreas Knitz besteht aus dem Bauschutt abgerissener Gefängniszellen. Im Archiv gibt es zudem eine Ausstellung über die Gestapo.

**Albert-Schweitzer-Gedenkstätte**
Kegelplatz 4
Mo–Fr Mai–Okt. 11–17 Uhr, Nov.–Apr. 11–16 Uhr
Tel. 20 27 39
www.albert-schweitzer-weimar.de

**Erinnerungsort: Gestapo-Keller**
Marstallstraße 2
Mo–Mi 8–16 Uhr, Do bis 18 Uhr
Tel. 87 01 07
www.zermahlenegeschichte.de

▷ Bus alle Linien (Goetheplatz), dann Fußweg

*Mahnmal „Zermahlene Geschichte" im Hof des Marstalls*

*Nobelpreisträger Albert Schweitzer mit Schürze und Tropenhelm*

Der Marstall entstand bis 1878 nördlich des Schlosses

Im Musäus-Haus befindet sich die Albert-Schweitzer-Gedenkstätte

# Museum für Ur- und Frühgeschichte Thüringens

Dass im Weimarer Ilmtal bereits vor rund 200 000 Jahren Vorfahren des Homo sapiens siedelten, erfährt man im Museum für Ur- und Frühgeschichte Thüringens. Beleg für dieses prähistorische Leben sind Skelettstücke, die 1925 in einem Steinbruch nahe dem → **Schloss Belvedere** entdeckt wurden. Neben diesem sensationellen Fund sind auch Knochen eines Homo erectus zu sehen, der vor etwa 400 000 Jahren lebte und damit ältester Thüringer ist.
Was die Archäologen von unseren Vorfahren – Kelten, Germanen, Römern und Slawen – aus der Erde hervorholten, wird in dem Museum auf sehr anschauliche Weise präsentiert. Lebensecht nachgebildet ist etwa eine Höhle der Steinzeitmenschen, und auch eine Töpferei der Germanen wurde rekonstruiert. Zu den Höhepunkten der eindrucksvollen Zeitreise gehören die wertvollen Grab-Beigaben einer ostgotischen Adeligen aus der Epoche des Thüringer Königreiches im 5. und 6. Jahrhundert, die nahe Oßmannstedt gefunden wurden.
Das 1999 neukonzipierte Museum des Landes Thüringen befindet sich seit über 100 Jahren im ehemaligen Palais des Kammerherrn Friedrich von Poseck, welches 1791 erbaut wurde.

*Museum für Ur- und Frühgeschichte Im Palais Poseck*

Humboldtstraße 11
Di 9–18 Uhr, Mi–Fr 9–17 Uhr, Sa / So 10–17 Uhr
Tel. 81 83 30
www.thueringen.de / denkmalpflege

▷ Bus 5, 6, 8 (Am Poseckschen Garten)

*Rekonstruktion einer Totenhütte aus der Bronzezeit*

*Was Archäologen entdeckten, wird sehr plastisch dargestellt*

*Lebensgroße Nachbildungen eines Homo sapiens*

# Neues Museum

Das repräsentative Gebäude am → **Weimarplatz** ist Weimars erste Adresse für moderne und zeitgenössische Kunst. Bereits im Foyer macht die Installation „Das Zimmer" der Schweizer Künstlerin Pipilotti Rist mit riesigen Sitzmöbeln deutlich, dass der historische Museumsbau dem Kunstgeschehen unserer Tage gewidmet ist. Sehr eindrucksvoll wirken auch die großflächigen Spiegel im Treppenhaus, die der Franzose Daniel Buren 1999 anbrachte.

Neben Werken von Anselm Kiefer, Giulio Paolini und weiteren Exponaten aus der hochkarätigen Sammlung des Kölner Mäzens Paul Maenz überraschen die 16 Wandgemälde im Stil des Spätklassizismus. Der Zyklus zu Homers Odyssee im Hauptgeschoss, den Hofmaler Friedrich Preller d.Ä. schuf, stammt aus der Erbauungszeit des Museums: 1863–69 wurde es im Stil der italienischen Renaissance für die Kunstsammlungen des Großherzogs von Sachsen-Weimar-Eisenach errichtet. Der architektonische Entwurf stammt von Josef Zitek. Seit dem Bau des **Gauforums** ist es ein Teil dieser monumentalen Anlage.

Das Untergeschoss des Neuen Museum nutzt die Bauhaus-Universität für wechselnde Ausstellungen.

*Verspiegeltes Treppenhaus mit Goethe und Psyche von 1855*

Weimarplatz 5
Di–So Apr.–Okt. 11–18 Uhr, Nov.–März 11–16 Uhr
Tel. 54 59 63
www.klassik-stiftung.de

▷ Bus 3, 6 (Carl-August-Allee)

*Die Statue „Großer Geist" von Thomas Schütte auf der Freitreppe*

*Das Neue Museum entstand ursprünglich für den Kunstschatz des Großherzogs*

*Im historischen Museumsbau ist viel Platz für zeitgenössische Kunst*

# Nietzsche-Archiv

Ein schweres Schicksal führte den Philosophen und radikalen Kulturkritiker Friedrich Nietzsche (1844–1900) nach Weimar. Geistig umnachtet und pflegebedürftig, verbrachte er ab 1897 seine letzten Lebensjahre in dem damals „Villa Silberblick" genannten Haus. Die zwei Jahre jüngere Schwester Elisabeth Förster-Nietzsche, die ihn umsorgt hatte, ließ das Gebäude nach seinem Tod für das von ihr gegründete Nietzsche-Archiv umbauen. Das kostbare Jugendstil-Interieur der Bibliothek, gestaltet von Henry van de Velde, ist nahezu komplett erhalten und ein bedeutendes Gesamtkunstwerk des belgischen Designers. Nietzsches Schriften und Bücher befinden sich heute im → **Goethe- und Schiller-Archiv** sowie in der Herzogin → **Anna Amalia Bibliothek**.

Zu sehen ist im Nietzsche-Archiv aber die Totenmaske des streitbaren Denkers. Im früheren Speisezimmer informiert eine Ausstellung über die Geschichte des Hauses: Das wertvolle Archiv wandelte sich unter Nietzsches Schwester, der umstrittenen Hüterin des Nachlasses, zu einer fragwürdigen Kultstätte, die nach dem Zweiten Weltkrieg geschlossen wurde.

Im benachbarten Villenviertel wohnten die Bauhaus-Künstler Wassily Kandinsky (Wilhelm-Külz-Straße 3) und Lyonel Feininger (Gutenbergstraße 16). Sehenswert sind auch die Jugendstilvillen von Henry van de Velde (Cranachstraße 47) und Rudolf Zapfe (Cranachstraße 9 und 10).

*Wohnhaus von Wassily Kandinsky im Villenviertel*

Humboldtstraße 36
Apr.–Okt. Di–So 13–18 Uhr
Tel. 54 54 00
www.klassik-stiftung.de

▷ Bus 6 (Hufelandstraße)

Nietzsche-Archiv, letzte Lebensstation des berühmten Philosophen

Auch das Palais Dürckheim entwarf Henry van de Velde

Bauhaus-Künstler Lyonel Feininger hatte hier seine Wohnung

Bibliothek des Nietzsche-Archivs, ein Meisterwerk van de Veldes

# Palais Schardt

Im Palais Schardt begann eine der berühmtesten Liebesgeschichten der Literaturgeschichte. Johann Wolfgang von Goethe lernte hier 1775 die verheiratete Charlotte von Stein (1742–1827) kennen. Mehr als 800 Briefe belegen seine langjährige Leidenschaft für die gebildete und ältere Hofdame – eine Liebe, die jedoch platonisch geblieben sein soll. In dem Palais verbrachte die prominente Dame der Weimarer Klassik ihre Kindheit und Jugend. Ihr Vater, der Hofmarschall Wilhelm Christian von Schardt, hatte 1750 den kleinen Pavillon im Garten erbauen lassen. Der achteckige **Goethepavillon** ist ein architektonisches Juwel, im Innern reich verziert im Stil des Rokoko.

Heute finden in Charlottes Elternhaus kulturelle Veranstaltungen, Lesungen und Konzerte statt. Eine Ausstellung mit Scherenschnitten und ein Puppenstubenmuseum sind ebenso auf dem Anwesen untergebracht.

Im Nachbarhaus befindet sich ein kleines Museum, das sich dem Buchdruck widmet: Historische Satzkästen und heimische Druckmaschinen aus dem 19. und 20. Jahrhundert zeigt die **Pavillon-Presse** im Gebäude der ehemaligen Hofbuchdruckerei.

**Museum Palais Schardt**
Scherfgasse 3
Di, Do–Sa 13–16 Uhr, Nov. / Dez. nur Di, Fr / Sa, Jan. / Feb. nur Fr / Sa
Tel. 90 22 79
www.goethepavillon.de

**Pavillon-Presse**
Scherfgasse 5
Mo 10–17 Uhr, Fr 9–16 Uhr
Tel. 535 44
www.pavillon-presse.de

▷ Bus alle Linien (Goetheplatz)

*Im Palais Schardt lernte Goethe Charlotte von Stein kennen*

*Deckengemälde im Stil des Rokoko im historischen Palais*

Die Kunst des Buchdruckes ist in der Pavillon-Presse zu sehen

Exponate des Puppenstuben-museums im Palais Schardt

# Park an der Ilm

Der romantische Grünzug entlang der geruhsam fließenden Ilm prägt das Bild von Weimar. Kunstvoll arrangierte Natur, zahlreiche Denkmäler und pittoreske Bauten schaffen eine Atmosphäre, die ihresgleichen sucht. Den Zauber des Ilmtals entdeckte Goethe nicht nur für sein Gartenhaus (→ **Goethes Gartenhaus**), er gab auch den Anstoß für eine naturnahe Gestaltung zu einem englischen Landschaftsgarten. Unter Herzog Carl August wurde der Park in Etappen 1778 bis 1828 realisiert.
Zur Erinnerung an den Selbstmord einer jugendlichen Frau, die Goethes „Werther" bei sich trug, wurde 1778 nahe der Todesstelle eine **Felsentreppe** („Nadelöhr") in den westlichen Hang geschlagen. Im selben Jahr entstand das kuriose **Borkenhäuschen** mit einer Hülle aus Baumrinde. Eine künstliche Ruine befindet sich nahe dem ersten **Shakespeare-Denkmal** außerhalb Englands, einer Arbeit von Otto Lessing aus dem Jahr 1904. Vom **Tempelherrenhaus**, 1816 im neogotischen Stil errichtet, ist nach der Zerstörung im Zweiten Weltkrieg der Turm erhalten geblieben. Nahe der Sternbrücke ist die ausgeschmückte **Leutraquelle** mit Sphinx von 1784 zu finden.

**Parkhöhle**
Eingang nahe dem Liszt-Haus
Di–So Apr.–Okt. 10–12 und 13–18 Uhr,
Nov.–März 10–12 und 13–16 Uhr
Tel. 51 19 19

▷ Bus 1 (Bauhaus-Universität)

**Römisches Haus**
Mi–Mo Apr.–Sept. 10–18 Uhr, Okt. 10–16 Uhr
Tel. 54 54 00
www.klassik-stiftung.de

▷ Bus 1 (Helmholtzstraße)

*Die zauberhafte Parklandschaft im Tal der Ilm durchzieht Weimar*

*Shakespeare-Denkmal mit Totenkopf zu Füßen des englischen Dichters*

*Das Borkenhäuschen gehört zu den ältesten Staffagen im Park*

*Romantisch wirkt die Ruine des Tempelherrenhauses*

*Wolfgang von Goethe half beim Bau der Felsentreppe mit*

Im südlichen Bereich des rund zwei Kilometer langen Parks setzt das **Römische Haus** einen weithin sichtbaren Akzent. 1792–97 wurde es im antiken Stil als Sommerhaus für Carl August gebaut. Der Entwurf stammt von Johann August Arens. Im ersten rein klassizistischen Gebäude Weimars befindet sich eine Ausstellung über die Geschichte des Parks.
Eine besondere Attraktion ist die **Parkhöhle**: 1794 wurde ein Stollen für die Bierlagerung im Hang westlich der Ilm angelegt. Wissenswertes aus 200 000 Jahren Erdgeschichte kann man heute in dem geologischen Naturdenkmal unter Tage erfahren.

*Die Antike als Ideal: Römisches Haus für den Herzog*

*Im Blauen Salon empfing Herzog Carl August seine Gäste*

*Grotte mit Sphinx (von 1784) an der Leutraquelle*

*Labyrinth aus Erdschichten und Geschichten: Die Parkhöhle*

# Residenzschloss

Zu den Glanzpunkten deutscher Baukunst gehört das Stadtschloss Weimar. Das Meisterwerk des Klassizismus entstand 1789–1803, nachdem die alte Residenz der ernestinischen Fürsten 1774 niedergebrannt war. Unter der künstlerischen Leitung Goethes arbeiteten die Architekten Johann August Arens, Friedrich Thouret und Heinrich Gentz am Wiederaufbau des Schlosses. Die Ideale des Klassizismus sind besonders in den von Gentz gestalteten Räumen erlebbar: im repräsentativen Treppenhaus sowie im prachtvollen Festsaal und im Spiegelsaal. Gentz schuf auch das holzvertäfelte Gesellschaftszimmer der Maria Pawlowna. Der Großherzogin sind die Dichterzimmer mit historisierenden Wandmalereien zu verdanken, die zum Andenken an das „Viergestirn" Goethe, Herder, Schiller und Wieland ab 1835 eingerichtet wurden.
Vom alten Schloss stammen der markante Turm und das Torhaus außerhalb der klassizistischen Anlage. Das Torhaus im Stil der Renaissance erhielt Mitte des 16. Jahrhunderts von Nikolaus Gromann sein Aussehen. Damals wählte der ernestinische Zweig der sächsischen Herrscherfamilie das Städtchen Weimar zu seiner Residenz. Um 1730 bekam der mittelalterliche Turm seine barocke Spitze. Seitlich der beiden ältesten Bauten entstand 1913 zuletzt der südliche Schlossflügel.
Neben den höfischen Räumen befindet sich

**Stadtschloss Weimar**
Burgplatz 4
Di–So Apr.–Okt. 10–18 Uhr, Nov.–März 10–16 Uhr
Tel. 54 54 00
www.klassik-stiftung.de

▷ Bus alle Linien (Goetheplatz), dann Fußweg

*Südflügel mit Turm: Markantes Ensemble aus vier Stilepochen*

*Der Nordflügel des Stadtschlosses Weimar*

Machtsymbol der adeligen Herrscher von Sachsen-Weimar-Eisenach

Innenhof des im klassizistischen Stil wiederaufgebauten Schlosses

im **Schlossmuseum** eine herausragende Kunstsammlung. Dazu gehört die einmalige Cranach-Galerie mit über 30 wertvollen Gemälden der Renaissancekünstler Lucas Cranach d.Ä. und Lucas Cranach d.J. Zu sehen sind ferner Albrecht Dürer, aus der Goethezeit Johann Friedrich August Tischbein, die Romantiker Caspar David Friedrich und Georg Friedrich Kersting sowie die Impressionisten Lovis Corinth und Max Liebermann. Auch russische Ikonen, niederländische Malerei des 17. Jahrhunderts, u.a. Rubens, sowie Werke von Claude Monet und Auguste Rodin gehören zu den ausgestellten Schätzen europäischer Kunst.

*Kunstsammlung mit bedeutenden Werken des Impressionismus*

*Edles Interieur und unendliche Flucht im Residenzschloss*

*Das klassizistische Treppenhaus von Heinrich Gentz*

*Blick in den prächtigen Festsaal des Residenzschlosses*

# Schillers Wohnhaus

Der berühmte Dichter Friedrich Schiller (1759–1805) verlebte hier seine letzten Lebensjahre. Nachdem er 1799 endgültig von Jena nach Weimar gezogen war, erwarb Schiller 1802 das Haus. In seinem ersten eigenen Domizil entstanden die Dramen „Die Braut von Messina" und „Wilhelm Tell", das Theaterstück „Demetrius" blieb unvollendet.

Am 9. Mai 1805 verstarb Schiller in seinem Arbeitszimmer. Seine Ehefrau Charlotte wohnte mit den vier Kindern weiter in dem Haus, das nach ihrem Tod 1826 verkauft wurde. Zwei Jahrzehnte später wurde die Stadt Weimar Eigentümer, um es als Gedenkhaus für die Nachwelt zu erhalten.

Die Familie Schiller lebte in bescheidenen Verhältnissen. Um konzentriert arbeiten zu können, zog sich der Autor in das Mansardgeschoss zurück. Dort, im authentisch erhaltenen Arbeitszimmer, befinden sich heute der Schreibtisch und das Sterbebett Schillers. Zu sehen ist auch seine Bibliothek. Papiertapeten zeugen vom modischen Geschmack der Familie. Neben der privaten Atmosphäre steht in zahlreichen Räumen das bewegte Leben und das literarische Schaffen des Dichters im Mittelpunkt.

Legendär ist die Freundschaft zwischen Schiller und Goethe, die 1794 begann. Die beiden kreativen Köpfe inspirierten und motivierten sich gegenseitig und prägten die deutsche

Schillerstraße 12 (Zugang Neugasse)
Di–So Apr.–Okt. 9–18 Uhr (Sa bis 19 Uhr außer Okt.), Nov.–März 9–16 Uhr
Tel. 54 54 00
www.klassik-stiftung.de

▷ Bus 1, 2, 5, 6, 8 (Gropiusstraße)

*Geschmackvoll eingerichtete Räume für Familie und Gäste*

*Schillers Wohnhaus steht im Zentrum der Altstadt*

Nur wenige Jahre konnte der Dichter sein eigenes Heim genießen

Die Küche im Erdgeschoss mit Utensilien aus der Zeit um 1800

Klassik. Schiller schrieb in seinen ersten Weimarer Jahren noch die Dramen „Maria Stuart" (1800) und „Die Jungfrau von Orleans" (1801). Alle seine Weimarer Werke wurden am Theater der Stadt uraufgeführt. 1802 adelte der Herzog den Künstler.
Der Zugang zum historischen Wohnhaus befindet sich im **Schiller-Museum**, das 1984 bis 1988 an der Seitengasse (Neugasse) errichtet wurde. Es dient mittlerweile nicht mehr dem berühmten Namensgeber, sondern wird für wechselnde Ausstellungen genutzt.

*Die Rückfront des Wohnhauses mit ruhigem Platz*

Der originale Arbeitsplatz
Friedrich Schillers

Aufgang zum Schillerhaus
im Schiller-Museum

Das Schiller-Museum dient für
Ausstellungen bekannter Künstler

# Schloss Belvedere

Auf einer Anhöhe südlich der Stadt liegt das Schloss Belvedere. Der schönen Aussicht wegen ließ Herzog Ernst August I. das Lust- und Jagdschloss 1729–40 errichten. Baumeister Gottfried Heinrich Krohne verband auf originelle Weise zwei ältere Fasanerien mit dem zentralen Hauptgebäude, auf dessen Dach er einen Pavillon für den wunderbaren Blick nach Weimar setzte. Mit vier Kavaliershäusern zu beiden Seiten, von denen zwei durch Türme betont sind, entstand eine reizvolle barocke Anlage.

Belvedere wurde vom Fürstenhaus als Sommerdomizil genutzt. In ihm befindet sich das **Museum für Kunsthandwerk** mit Einrichtungsstücken des Hofes aus dem späten 17. bis 19. Jahrhundert. Neben wertvollen Möbeln, Gemälden, Gläsern und Fayencen ist die kostbare Porzellansammlung zu bewundern.

Als Ausflugsziel beliebt ist Belvedere nicht zuletzt wegen der zauberhaften Parkanlagen und der botanischen Sammlung in der **Orangerie**. Die 1740 erbauten Winterquartiere für exotische Pflanzen ordnete Architekt Krohne in Hufeisenform an. Die mediterranen, asiatischen und afrikanischen Gewächse zieren im Sommer den frei zugänglichen Park, im Winter können sie in der Orangerie besichtigt

Belvederer Allee
99425 Weimar-Belvedere
Di–So Apr.–Sept. 10–18 Uhr, Okt. bis 16 Uhr

**Orangerie**
Mi–So Ende Dez.–Feb. 11–16 Uhr,
März / Apr. 11–17 Uhr
Tel. 54 54 00
www.klassik-stiftung.de

▷ Bus 1 (Belvedere)

*Das barocke Lustschloss Belvedere von der Gartenseite*

*Eingangsfront des Schlosses mit Türmchen für den Fernblick*

Mediterranes Flair im Bereich
vor der Orangerie

Die Säle in Belvedere sind
Zeugnisse höfischer Lebensart

werden. Im kleinen Roten Turm führte Goethe botanische Studien durch.
Von den aufwendig gestalteten Grünanlagen nahe dem Schloss ist der **Russische Garten** hervorzuheben. Er entstand 1811 für Maria Pawlowna (1786–1859), Tochter von Zar Paul I. und Enkelin von Katharina der Großen. Das Kleinod im Stil des Rokoko ist eine detailgetreue Nachpflanzung eines Gartens der Zarenfamilie nahe St. Petersburg. Großherzogin Maria Pawlowna und Gatte Carl Friedrich (1783–1853) ließen den Park Belvedere in einen englischen Landschaftspark umgestalten.

*Opulente Ausstattung des barocken Festsaales*

*Fröhlicher Putto im Russischen Garten*

*Im Roten Turm widmete sich Goethe dem Studium der Botanik*

*Gartenkunst des Rokoko ziert den Schlosspark*

# Schloss Ettersburg

Das ehemalige Sommerschloss der Weimarer Fürsten ist eng mit der deutschen Klassik verknüpft und verdankt seinen Ruhm den Aufenthalten Goethes und Schillers. Zur Zeit der Herzogin Anna Amalia, die hier 1776–80 die Sommermonate verbrachte, war Schloss Ettersburg ein Künstlertreff und Ort der „poetischen Einsamkeit" (Schiller) für die hier schreibenden Dichter.
1706–12 wurde zuerst ein dreiflügeliges Jagdschloss errichtet. Das frei stehende viergeschossige Barockgebäude entstand 1728–36 nach Plänen von Johann Adolf Richter und Gottfried Heinrich Krohne.
In der neogotischen Kirche von 1864/65 gab Franz Liszt Konzerte.
Nach jahrzehntelangem Leerstand ist 2008 der alte Glanz zurückgekehrt, das Ensemble rund sieben Kilometer nördlich von Weimar dient seitdem als Bildungsstätte für Architekten.
Eine Attraktion ist auch der 1844–55 angelegte Landschaftsgarten. Vom Schloss den Hang hinunter erstreckt sich der Pücklerschlag, eine rund 100 Meter breite, durch Baumgruppen akzentuierte Lichtung, benannt nach dem Schöpfer und Gartenkünstler Hermann Fürst von Pückler-Muskau. Im umliegenden Waldgebiet jagten 1808 Napoleon und Zar Alexander I. gemeinsam mit deutschen Königen.

*Goethe und Schiller schätzten Schloss Ettersburg*

Am Schloss 1
99439 Ettersburg
Park ganzjährig frei zugänglich, das Schloss nur zu ausgewählten Terminen
Tel. 742 84 20
www.schlossettersburg.de

▷ Bus 6 (Ettersburg, Schloss)

*Die reizvolle Lage akzentuierte Gartenkünstler Pückler-Muskau*

*Die neogotische Kirche ist Teil der Schlossanlage*

# Schloss Kromsdorf

Vor den Toren Weimars befindet sich ein außergewöhnlicher Schlosspark – ein Unikum nördlich der Alpen: Nach dem Vorbild italienischer Renaissancegärten ab 1664 angelegt, ist das quadratische Terrain am Schloss Kromsdorf von hohen Mauern umschlossen. Diese ließ der damalige Besitzer Johann Theodor von Mortaigne als Freiluftgalerie mit 64 Nischen für Büsten gestalten. Die Auswahl der dargestellten Personen ist eigenwillig und gibt noch heute Rätsel auf: Neben Größen der europäischen Geschichte wie etwa dem Schwedenkönig Gustav Adolf sind auch Indianerhäuptlinge, türkische und koreanische Frauen sowie mythische Kaiser aus Japan und China zu sehen.
Das typische Renaissanceschloss entstand bereits 1580. Nachdem es Truppen Napoleons 1806 geplündert und zerstört hatten, kümmerte sich Großherzogin Maria Pawlowna darum und richtete dort ein Damenstift ein. Heute ist das Schloss Ort kultureller Veranstaltungen und beherbergt ein Gasthaus.
Von Kromsdorf führt der knapp zwei Kilometer lange Maria-Pawlowna-Promenadenweg zum → **Schloss Tiefurt**. Kromsdorf liegt nordöstlich von Weimar an der Ilm.

*Die Parkmauer mit Skulpturen ist einzigartig und ungewöhnlich*

Platz der Demokratie 47
99441 Kromsdorf
Tel. 42 18 36
www.kromsdorf-denstedt.de

▷ Bus 228 (Kromsdorf Nord Schloss)

*Schloss Kromsdorf nahe Weimar am Lauf der Ilm*

*Türkischer Großwesir, Herzog Wilhelm Ernst und eine Koreanerin*

# Schloss Tiefurt

In einer landschaftlich reizvollen Schleife der Ilm liegt das Schloss Tiefurt. Das ehemalige Gutshaus verwandelte Herzogin Anna Amalia ab 1781 in ihr persönliches Arkadien. Ohne den Anspruch auf Repräsentation, besitzt es einen ländlichen Charakter. Anna Amalia nutzte ihren bescheidenen Sommersitz vor allem als Musenhof. Mit den kreativen Köpfen der Weimarer Klassik gab sie das „Tiefurter Journal" heraus, in dem erstmals Goethes populärer Vers „Edel sei der Mensch, hülfreich und gut" veröffentlicht wurde. Unter freiem Himmel wurden in Tiefurt auch Theaterstücke aufgeführt.

In dem Schlösschen sind die Räume nach dem Geschmack um 1800 gestaltet. Sie spiegeln den höfischen Lebensstil in der Epoche des klassischen Weimar wider. Private Gegenstände aus dem Nachlass der Herzogin sind ausgestellt. Eine Besonderheit ist das Goethezimmer, das zu Ehren des häufigen Gastes eingerichtet und mit Blumengirlanden geschmückt wurde.

Bevor Herzogin Anna Amalia Tiefurt zu ihrem Domizil ausgewählt hatte, wohnte ihr Sohn Prinz Ferdinand Constantin (1758–93) dort. Ein Denkmal am Ufer der Ilm erinnert an seinen Tod im Krieg gegen Frankreich. Dem Bruder der Herzogin ist das Leopold-Denkmal gewidmet, der 1785 auf tragische Weise ertrank.

Im Schlosspark befindet sich auch das erste

Hauptstraße 14
99425 Weimar-Tiefurt
Apr.–Okt. Mi–Mo 10–18 Uhr
Tel. 54 54 00
www.klassik-stiftung.de

▷ Bus 3 (Tiefurt)

*Sommersitz der Herzogin Anna Amalia mit ländlichem Charme*

*Floraler Dekor, der auch das Goethezimmer ziert*

Schloss Tiefurt, eher Gutshaus als Adelspalast

Das Speisezimmer Anna Amalias mit wertvollem Porzellan

in Deutschland geschaffene **Mozart-Denkmal** von 1799.
Der romantische Park entstand Mitte des 19. Jahrhunderts im englischen Stil und trägt die Handschrift Eduard Adolph Petzolds, eines Schülers des legendären Gartenkünstlers Fürst von Pückler-Muskau.
Sehenswert ist die **Tiefurter Kirche**, deren Innenraum durch einen farbenfrohen ländlichen Barock überrascht.

*Die Tiefurter Kirche befindet sich nahe dem Schloss*

*Der Musentempel im Schlosspark Tiefurt*

*Mozart-Denkmal des Bildhauers Martin Gottlieb Klauer*

*In der zauberhaften Idylle suchten Weimars Künstler Inspiration*

# Stadtmuseum (Bertuchhaus)

Weimar ist auch ein Synonym für einen bewegten Abschnitt in der jüngeren Geschichte Deutschlands. Die erste demokratische Republik (1919–33) ist nach der Stadt benannt, in der ihre Verfassung ausgearbeitet und verkündet wurde. Eine der wenigen auf die Weimarer Republik spezialisierten Ausstellungen bundesweit ist im Stadtmuseum zu finden. Neben diesem überregionalen Aspekt steht natürlich hier die Geschichte der thüringischen Stadt im Mittelpunkt, die vor mehr als 1100 Jahren erstmals urkundlich erwähnt wurde. Der Rückblick endet 1990, dem Jahr der deutschen Wiedervereinigung.
Besondere Aufmerksamkeit schenkt das Museum auch dem Komponisten und Musiker Johann Sebastian Bach (1685–1750), der 1708–17 für den Weimarer Hof tätig war. Informiert wird ebenso über den umtriebigen Friedrich Justin Bertuch (1747–1822), der als Unternehmer, Verleger und Finanzverwalter des Herzogs eine zentrale und einflussreiche Persönlichkeit in Weimars „Goldenem Zeitalter" war. Sein „Journal des Luxus und der Moden" war ein frühes Lifestyle-Magazin. Bertuch baute auch das stilvolle Palais, in dem seit 1954 das Stadtmuseum beheimatet ist. Zwischen 1780 und 1802 entstand das langgestreckte Ensemble aus zwei spätbarocken Flügeln und dem klassizistischen Mittelbau.

*Die ganze Palette der bürgerlichen Stadtgeschichte wird präsentiert*

*Zierliche Musikanten aus der Vergangenheit*

Karl-Liebknecht-Straße 5–9
Di–So 10–17 Uhr
Tel. 826 00
www.stadtmuseum.weimar.de

▷ Bus alle Linien (Goetheplatz)

*Gründung und Niedergang der Weimarer Republik im Blickpunkt*

*Das Bertuchhaus beherbergt das Stadtmuseum*

# Weimarhalle

Ein markanter Bau der Gegenwart ist die neue Weimarhalle. Als Kongresszentrum und größter Konzertsaal der Stadt 1999 eröffnet, steht das Äußere in einem ästhetischen Kontrast zum historischen Stadtbild. Prägnant sind die neun Meter hohen Fensterläden aus Holzlamellen im Hauptgeschoss, welche die Fassade aus Muschelkalk vertikal betonen. Das Innere ist überwiegend mit Holz verkleidet. Für den Entwurf der Weimarhalle wurde das renommierte Architekturbüro von Gerkan, Marg und Partner 2001 mit dem amerikanischen Honor Award ausgezeichnet.
Im Großen Saal, in dem bis zu 1200 Zuschauer Platz finden, spielt auch die Staatskapelle Weimar.
An das „congress centrum neue weimarhalle" schließt eine traditionsreiche Grünanlage an, in der sich eine große Wasserfläche erstreckt. Auf dem barocken Teich im Park soll Goethe Schlittschuh gelaufen sein und damit das Wintervergnügen populär gemacht haben. Das Gelände, heute **Weimarhallenpark** genannt, gehörte einst zum Besitz des Unternehmers Friedrich Justin Bertuch, einem Zeitgenossen Goethes. Sein ehemaliges Palais (das **Bertuchhaus**, Sitz des → **Stadtmuseums**) grenzt direkt an die Weimarhalle. Die Grabstätte der prominenten Familie Bertuch befindet sich im Südwesten des Stadtparks.

*Weimars größter Konzertsaal in warmen Holztönen*

Unesco-Platz 1
Tel. 74 52 01
www.weimarhalle.de

▷ Bus 1, 2, 3, 9 (Friedensstraße), alle Linien (Goetheplatz)

Unesco-Platz an der neuen Weimarhalle

*Grabstätte der Unternehmerfamilie Bertuch*

*Hinter der Weimarhalle erstreckt sich ein schöner Park*

# Weimar-Haus

5000 Jahre Lokalgeschichte auf unterhaltsame und leicht verständliche Weise näherbringen – das hat sich das Erlebnismuseum Weimar-Haus zur Aufgabe gemacht. Schlüsselszenen aus der bewegten Vergangenheit sind hier realistisch mit Wachsfiguren nachgestellt. So kann man der berühmten Tafelrunde der Herzogin Anna Amalia beiwohnen und den dort versammelten Geistesgrößen nähertreten. Ebenso anschaulich dargestellt ist die Ankunft Goethes in der damals verschlafenen Kleinstadt mit ihren engen Gassen. Der rund halbstündige Weg durch die Historie führt durch täuschend echte Kulissen: Der Besucher steht mitten im Mittelalter, der Zeit Martin Luthers oder findet sich zwischen Strohhütten wieder, wie sie vor 1500 Jahren zur Zeit des Königreiches Thüringen üblich waren.
Die Vergangenheit und der Mythos Weimars werden mit Theatertechnik, Spezial- und Lichteffekten sowie Multimedia-Präsentationen sinnlich vor Augen geführt und lebendig.

*Allgegenwärtige Hauptfigur der Weimarer Geschichte*

Schillerstraße 16
Apr.–Sept. 9.30–18.30 Uhr, Okt.–März 9.30–17.30 Uhr
Tel. 90 18 90
www.weimarhaus.de

▷ Bus 1, 2, 5, 6, 8 (Gropiusstraße)

*Nachgestellte Tafelrunde mit Anna Amalia und dem Viergestirn*

*Historischer Streifzug durch die Residenzstadt*

*Im Weimar-Haus kann man Geschichte hautnah betrachten*

# Weimarplatz

Diese Anlage sprengt den kleinstädtischen Rahmen der umliegenden Wohnviertel und ist ein Beispiel für den rücksichtslosen Größenwahn in der NS-Zeit. Das Regime wollte mit dem sogenannten **Gauforum** am Weimarplatz ihren Machtanspruch demonstrieren. 1937 nach Entwürfen von Hermann Giesler begonnen, blieb das maßstabslose Bauprojekt am Ende der NS-Diktatur 1945 unvollendet. Anstelle des geplanten Aufmarschgeländes wächst nun grüner Rasen, die fertigen Gebäude nutzt das Land Thüringen.
Einen Kontrast zu Gieslers neoklassizistischer Architektur bildet ein riesiger fensterloser Kubus am Ostende der Freifläche. In ihm verbirgt sich das Shopping-Center **Weimar Atrium**. Das moderne Einkaufszentrum entstand zu Beginn des 21. Jahrhunderts in einem bereits bestehenden Betonskelett, das für eine gigantische Halle vorgesehen war. Im Turmbau Ecke Friedensstraße informiert eine Ausstellung über das bauliche Erbe.
Nicht weit vom Weimar Atrium entfernt erinnert im **e-werk** eine eindringliche Kunstinstallation an den Holocaust: Das „Konzert für Buchenwald" von Rebecca Horn zeigt zerstörte Saiteninstrumente auf einem Gleis. Das e-werk ist ein Zentrum für alternative Kulturprojekte.

**Ausstellung „Das Gauforum in Weimar"**
Weimarplatz, Friedensstraße
Mo–Fr 8–18 Uhr
www.weimar-im-ns.de

**e-werk**
Am Kirchberg 4
Mai–Okt. Sa / So 12–18 Uhr
Tel. 74 88 68
www.ewerkweimar.de

▷ Bus 1, 2, 3, 9 (Friedensstraße)

*Ausstellung über das „Gauforum" im Eckturm der Anlage*

*Weimarplatz: Gigantische Leere,*
*Erbe des NS-Größenwahns*

*Konsumpalast „Weimar Atrium"*
*anstelle einer geplanten Halle*

*Die neoklassizistischen Bauten*
*nutzt heute das Land Thüringen*

*Das e-werk ist bekannt für sein*
*unkonventionelles Kulturangebot*

# Wielandgut Oßmannstedt

Der Schriftsteller Christoph Martin Wieland (1733–1813) kam als Erzieher für den Prinzen Carl August 1772 an den Weimarer Hof. Der humanistisch gebildete Lehrer vermittelte dem späteren Regenten das Gedankengut der Aufklärung. Neben dieser für die Weimarer Klassik entscheidenden Tätigkeit verfasste Wieland zahlreiche Texte, darunter Satiren, Romane und Gedichte, und machte sich als Übersetzer antiker Werke und Shakespeares einen Namen. Als vielgelesener Autor, der auch jenseits der deutschen Grenzen bekannt war, erschien die Gesamtausgabe seiner Schriften schon zu seinen Lebzeiten.
Christoph Martin Wieland, mit dem der Aufstieg Weimars zum geistig-kulturellen Zentrum begann, zog sich 1797 auf ein Gut der herzoglichen Familie in Oßmannstedt zurück. In dem ländlich-barocken Domizil befindet sich das im Jahre 2005 neu konzipierte **Wieland-Museum**. Möbel und persönliche Gegenstände des Dichters sind in den historischen Wohnräumen zu sehen. Die Ausstellung informiert über sein Leben und Schaffen und erläutert die kulturgeschichtlichen Hintergründe der Epoche. Nach dem Tod seiner Gattin kehrte Wieland 1803 nach Weimar zurück.
Der frei zugängliche Park überrascht durch seine anspruchsvolle Gestaltung im barocken Stil. Blickfang ist das große Wasserbecken

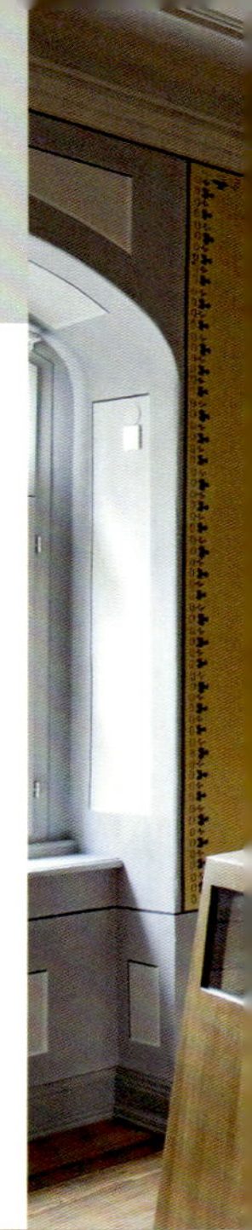

*Das Wieland-Museum zeigt die Welt des Dichters*

*Arbeitsecke des erfolgreichen Autors und Übersetzers*

*Künstliche Teiche im barocken Stil umgeben das Gutshaus*

**Wieland-Museum**
Wielandstraße 16
99510 Oßmannstedt
Apr.–Okt. Di–So 10–18 Uhr, Nov.–März Sa / So 10–16 Uhr
Tel. 54 54 00
www.klassik-stiftung.de

▷ Regionalbahn (Oßmannstedt)

*Wieland liebte die ländliche*
*Abgeschiedenheit seines Gutes*

mit dem künstlerisch aufwendigen Brunnenhaus. An einer abgelegenen Stelle an der Ilm befindet sich die gemeinsame Grabstätte von Christoph Martin Wieland und seiner Frau Anna Dorothea sowie von Sophie Brentano. Sophie Brentano war die Enkelin Marie Sophie von La Roches, der Jugendliebe Wielands, und verstarb mit 24 Jahren im Jahr 1800 bei einem Besuch in Oßmannstedt. Das Gutshaus hatte sich 1757 der Weimarer Minister Heinrich von Bünau erbauen lassen.

*Protagonist der deutschen Aufklärung: Christoph Martin Wieland*

*Grab-Obelisk für Wieland, seine Ehefrau und Sophie Brentano*

*Barockes Brunnenhaus mit wasserspeiendem Delphin*

*Sommerfrische im weitläufigen Gutspark*

# Wielandplatz

Der Wielandplatz grenzt unmittelbar an den → **Frauenplan** und erinnert an den Dichter Christoph Martin Wieland, der hier einen seiner wechselnden Wohnsitze hatte. Das **Wieland-Denkmal**, welches den bedeutenden Autor und Übersetzer im Gehrock zeigt, wurde 1857 anlässlich des 100. Geburtstags des Herzogs Carl August aufgestellt. Wieland hatte den Regenten erzogen, als dieser Knabe war, und damit eine wichtige Voraussetzung für die außergewöhnliche Kultur- und Literaturförderung des Landesherrn geschaffen. Die Bronzestatue entwarf Hanns Gasser. Zu Füßen des Standbildes befindet sich ein Brunnen aus demselben Jahr.
Ein hohes Eckhaus im Jugendstil beherrscht den verkehrsreichen Platz. Wenige Schritte daneben, in der Steubenstraße, fällt eine fensterlose Betonwand ins Auge, die zur neuen **Bibliothek der Bauhaus-Universität** gehört. Der ansonsten von Glas dominierte Komplex auf einem alten Brauereigelände zwischen Steubenstraße, Schützen- und Brauhausgasse wurde 2005 eröffnet. Für den sehr sehenswerten Entwurf bekam das Büro Meck Architekten den Thüringer Staatspreis für Architektur und Städtebau.

*Riesige Sitzgelegenheit im Hof der Bauhaus-Bibliothek*

**Bibliothek der Bauhaus-Universität**
Steubenstraße 6–8
www.uni-weimar.de

▷ Bus 1, 5, 6, 8 (Wielandplatz)

*Der Wielandplatz liegt am Südrand der Altstadt*

*Kontrast zur Brauerei: Bibliothek der Bauhaus-Universität*

*Das Wieland-Denkmal entwarf Bildhauer Hanns Gasser*

# Wittumspalais

Das barocke Palais am Theaterplatz war ein geistiges und gesellschaftliches Zentrum der klassischen Epoche Weimars. Mit dem Adelssitz sind die Namen Goethe, Herder, Schiller und Wieland verbunden. Das „Viergestirn" traf sich regelmäßig in dem privaten Domizil der Herzogin Anna Amalia (1739–1807), die von 1774 bis zu ihrem Tode im Wittumspalais wohnte.
Als „Tafelrunde" ging die wöchentliche Zusammenkunft der berühmten Literaten mit Vertretern der schöngeistigen Elite und des Hofes Weimars in die Annalen ein. Den regen und heiteren Gedankenaustausch förderte die Herzogin, die sich nach 16 Jahren als Regentin intensiv um das kulturelle Leben der Stadt kümmerte.
Bereits mit 18 Jahren verwitwet, gehört Anna Amalia zu den bedeutendsten Persönlichkeiten des aufgeklärten Absolutismus. Ihr persönliches Reich spiegelt eindrucksvoll die adelige Wohnkultur Ende des 18. Jahrhunderts wider. Es herrscht ein klarer Klassizismus mit dezentem Interieur vor, das von Zeitgenossen als besonders geschmackvoll gelobt wurde.
Im Wohnbereich der Herzogin im ersten Geschoss befindet sich das Tafelrundenzimmer für die legendäre Abendgesellschaft sowie das bescheidene Schlafgemach Anna Amalias.
Die zweite Etage diente der Repräsentation.

*Persönliches Palais der kunstsinnigen Herzogin Anna Amalia*

Am Palais 3
Mi–Mo Apr.–Okt. 10–18 Uhr, Nov.–März 10–16 Uhr
Tel. 54 54 00
www.klassik-stiftung.de

▷ Bus 1, 2, 5, 6, 8 (Gropiusstraße)

*Die Wohnräume zeigen den erlesenen Geschmack der Herzogin*

*Zentrum der Weimarer Klassik: Das Wittumspalais*

*Tafelrundenzimmer für den Jour fixe der großen Geister*

Den Festsaal für Feierlichkeiten, Konzerte und Theater schmückt ein Deckengemälde im Stil des späten Barock, das der Leipziger Maler Adam Friedrich Oeser schuf. Am Zugang zum 1767 erbauten Palais liegt das ehemalige **Franziskanerkloster**. Nach nur 100 Jahren mussten die Mönche 1553 das Kloster im Zuge der Reformation aufgeben. Das Gebäude der einstigen Kirche wurde zweckentfremdet und dient heute der **Hochschule für Musik Franz Liszt**.

An den Hof des Palais grenzt das ehemalige Franziskanerkloster an

Im Blauen Salon ist noch feiner Rokoko als Dekor zu sehen

Der Festsaal mit Deckengemälde von Adam Friedrich Oeser

Herzogin Anna Amalia ließ die Räume regelmäßig modernisieren

# Register der Sehenswürdigkeiten


ACC s. Autonomes Cultur Centrum
Albert-Schweitzer-Gedenkstätte 72f.
Altenburg 44
Altes Gymnasium 54f.
Anna Amalia Bibliothek 7, 8ff., 18, 78
Autobahnkirche Gelmeroda s. Feininger-Kirche Gelmeroda
Autonomes Cultur Centrum 18

Bauhaus-Museum 12f., 14
Bauhaus-Universität 14ff., 76
Belvedere s. Schloss Belvedere
Bertuchhaus s. Stadtmuseum
Bibliothek der Bauhaus-Universität 118
Bienenmuseum s. Deutsches Bienenmuseum
Borkenhäuschen 82
Buchenwald s. Gedenkstätte Buchenwald
Buchenwald-Mahnmal 30
Burgplatz 18f.

Carl-August-Denkmal 28
Cranach-Galerie 88
Cranachhaus 68

Denkmal für die Märzgefallenen 60
Deutsches Bienenmuseum 20f.
Deutsches Nationaltheater 12, 22f.
Deutschritterhaus 54

e-werk 112
Eckermannhaus 26
Elephant s. Hotel Elephant
Erinnerungsort: Gestapo-Keller 72
Ettersburg s. Schloss Ettersburg

Feininger-Kirche Gelmeroda 24f.
Felsentreppe 82
Franziskanerkloster 122
Frauenplan 26f., 38, 40
Fürstengruft 58ff., 62
Fürstenhaus 28f.

Gartenhaus s. Goethes Gartenhaus
Gasthaus Zum Schwarzen Bären 68
Gasthaus Zum Weißen Schwan 26
Gauforum s. Weimarplatz
Gedenkstätte Buchenwald 7, 30ff.
Gelbes Schloss s. Schloss, Gelbes
Geleitschenke 34f.
Gestapo-Keller s. Erinnerungsort: Gestapo-Keller
Ginkgo-Museum 70
Goethe-Nationalmuseum 42
Goethe- und Schiller-Archiv 44f., 78
Goethe-Schiller-Denkmal 22
Goethebrunnen 26
Goethepavillon 80
Goetheplatz 34, 36f.
Goethes Gartenhaus 38f., 82
Goethes Wohnhaus 7, 26, 40ff.
Grünes Schloss s. Anna Amalia Bibliothek

Hauptfriedhof 60
Haus Am Horn 46f.
Haus der Frau von Stein 28
Haus Hohe Pappeln 48f.
Haus Vulpius 64
Herder-Denkmal 54
Herderhof 54
Herderkirche 50ff.
Herderplatz 34, 54
Herders Wohnhaus 7, 54f.
Herz-Jesu-Kirche 56f.
Herzogin Anna Amalia Bibliothek s. Anna Amalia Bibliothek
Historischer Friedhof 58ff.
Hochschule für Musik Franz Liszt 28, 122
Hofapotheke 68
Hotel Anna Amalia 34
Hotel Elephant 68
Hotel Russischer Hof 36

Jakobsfriedhof 58, 62
Jakobskirche 62
Johanns Hof 34

Kassengewölbe 62
Kasseturm 36
Kirms-Krackow-Haus 64f.
Kromsdorf s. Schloss Kromsdorf
Kunsthalle 36

Lesemuseum 36
Leutraquelle 82
Liszt-Haus 66f.
Lutherhof 64

Markt 68ff.
Marstall 72f.
Mozart-Denkmal 104
Museum für Kunsthandwerk 94
Museum für Ur- und Frühgeschichte Thüringens 74f.
Musikschule Ottmar Gerster 36

Nadelöhr s. Felsentreppe
Nationaltheater, Deutsches s. Deutsches Nationaltheater
Neptunbrunnen 68f.
Neue Wache 18
Neues Museum 7, 76f.
Neufert Box 24
Neufert Haus 24
Nietzsche-Archiv 48, 78f.

Orangerie (Schloss Belvedere) 94

Palais Schardt 80f.
Park an der Ilm 38, 46, 82ff.
Parkhöhle 84
Pavillon-Presse 80
Pücklerschlag 98

Rathaus 68
„Resi" s. Residenzcafé
Residenzcafé 18
Residenzschloss 7, 8, 18, 44, 72, 86ff.
Römisches Haus 84
Rotes Schloss s. Schloss, Rotes
Russisch-orthodoxe Kapelle 58
Russischer Garten 96
Russischer Hof s. Hotel Russischer Hof

Schiller-Museum 92
Schillers Wohnhaus 7, 90ff.
Schloss Belvedere 7, 74, 94ff.
Schloss Ettersburg 7, 98f.
Schloss Kromsdorf 100f.
Schloss Tiefurt 7, 100, 102ff.
Schloss, Gelbes 18
Schloss, Rotes 10, 18
Schlossmuseum 86
Shakespeare-Denkmal 82
St. Peter und Paul s. Herderkirche
St. Peter und Paul (Oberweimar) 20
Stadthaus 68
Stadtkirche St. Peter und Paul s. Herderkirche
Stadtmuseum 106f., 108
Stadtschloss Weimar s. Residenzschloss
Sternbrücke 44, 82
Studienzentrum d. Hrzg. Anna Amalia Bibliothek 10, 18

Tempelherrenhaus 82
Theaterplatz 22, 120
Tiefurt s. Schloss Tiefurt
Torhaus 86

Van-de-Velde-Bauten 14
Vereinshaus 36
Villa Ithaka 46

Weimar-Haus 110f.
Weimarer Schloss s. Residenzschloss
Weimarhalle 108f.
Weimarhallenpark 108
Weimarplatz 76, 112f.
Wieland-Denkmal 118
Wieland-Museum 114
Wielandgut Oßmannstedt 114ff.
Wielandplatz 118f.
Wittumspalais 7, 120ff.

Zum Schwarzen Bären s. Gasthaus Zum Schwarzen Bären
Zum Weißen Schwan s. Gasthaus Zum Weißen Schwan

# Personenregister


Alexander I., Zar 98
Andersen, Hans Christian 64
Anna Amalia, Herzogin 5, 8, 52, 98, 102, 110, 120
Apitz, Bruno 30
Arens, Johann August 84, 86
Arnim, Bettina von 44

Bach, Johann Sebastian 5, 34, 106
Bayer, Herbert 14
Bertuch, Friedrich Justin 106, 108
Brandt, Marianne 12
Brentano, Sophie 116
Breuer, Marcel 12
Brod, Max 34
Büchner, Georg 44
Bünau, Heinrich von 116
Buren, Daniel 76

Carl August, Herzog 5, 8, 28, 38, 40, 58, 82, 84, 114, 118
Carl Friedrich, Großherzog 96
Cézanne, Paul 36
Charlotte Dorothea Sophie, Herzogin 18
Corinth, Lovis 88
Coudray, Clemens Wenzeslaus 7, 10, 18, 36, 58
Cranach, Lucas d.Ä. 5, 50, 62, 68, 88
Cranach, Lucas d.J. 50, 88
Cremer, Fritz 30

Donndorf, Adolf von 28
Dorothea Susanna, Herzogin 18
Dürer, Albrecht 88

Eckermann, Johann Peter 26, 58
Ernst August I., Herzog 94
Ernst August II., Herzog 8

Feininger, Lyonel 5, 12, 24, 78
Ferdinand Constantin, Prinz 102
Förster-Nietzsche, Elisabeth 78
Franck, Salomon 34
Friedrich, Caspar David 88

Gasser, Hanns 118
Gauguin, Paul 36
Gentz, Heinrich 86
Gerstung, Ferdinand 20
Giesler, Hermann 112
Goethe, Christiane von s. Vulpius, Christiane
Goethe, Johann Wolfgang von 5, 7, 8, 18, 22, 26, 28, 38, 40ff., 44, 58, 62, 70, 80, 82, 86, 90, 96, 98, 102, 108, 110, 120
Goethe, Walther 38
Gromann, Nikolaus 86
Gropius, Walter 12, 14, 46, 56, 60

Hauptmann, Anton Georg 36
Hebbel, Friedrich 36
Heine, Heinrich 44
Herder, Johann Gottfried 5, 8, 44, 50, 54, 86, 120
Heß, Heinrich 68
Hoheisel, Horst 72
Horn, Rebecca 112

Itten, Johannes 12

Johann Friedrich d. Großmütige, Kurfürst von Sachsen 5, 50

Kafka, Franz 34
Kandinsky, Wassily 5, 12, 78
Kersting, Georg Friedrich 88
Kertész, Imre 30
Kessler, Harry Graf 36
Kiefer, Anselm 76
Kirms-Krackow, Karoline 64
Klauer, Martin Gottlieb 70
Klee, Paul 5, 12, 46
Knitz, Andreas 72
Kogon, Eugen 32
Krohne, Gottfried Heinrich 94, 98

Lessing, Otto 82
Liebermann, Max 26, 88
Liszt, Franz 5, 7, 22, 28, 36, 44, 66, 98
Littmann, Max 22
Luther, Martin 50, 64, 110

Mann, Heinrich 36
Mann, Thomas 5, 22, 68
Marcks, Gerhard 12
Maria Pawlowna, Großherzogin 34, 58, 86, 96, 100
Meck Architekten 118
Meckel, Max 56
Meyer, Johann Friedrich 40
Mittmann, Peter 24
Moholy-Nagy, László 12
Monet, Claude 36, 88
Mortaigne, Johann Theodor von 100
Muche, Georg 46
Münchhausen, Max von 48
Musäus, Carl August 5, 72

Napoleon Bonaparte 98, 100
Neufert, Ernst 24
Neufert, Peter 24
Nietzsche, Friedrich 44, 78

Oeser, Adam Friedrich 122

Paolini, Giulio 76
Petzold, Eduard Adolph 104
Poseck, Friedrich von 74
Preller, Friedrich d.Ä. 76
Pückler-Muskau, Hermann von 98, 104

Richter, Johann Adolf 98
Rietschel, Ernst 22
Rist, Pipilotti 76
Rodin, Auguste 14, 36, 88
Rubens, Peter Paul 88

Sayn-Wittgenstein, Carolyne 44
Schaller, Ludwig 54
Schardt, Wilhelm Christian von 80
Schiller, Friedrich von 5, 8, 22, 26, 44, 58, 62, 86, 90ff., 98, 120
Schlegel, Johann Gottfried 28
Schlemmer, Oskar 12, 14
Schultze-Naumburg, Paul 46
Schumann, Clara 36
Schumann, Robert 5, 36
Schuricht, Christian Friedrich 40
Schweitzer, Albert 72
Semprun, Jorge 30
Siedhoff-Buscher, Alma 12
Stein, Charlotte von 28, 38, 58, 80
Steiner, Rudolf 56
Straßburger, August Friedrich 8
Strauss, Richard 22
Streichhan, Ferdinand 36, 60, 72

Thouret, Friedrich 86
Tischbein, Johann Friedrich August 88

Velde, Henry van de 7, 14, 48, 78
von Gerkan, Marg & Partner 108
Vulpius, Christiane 62, 64

Wagenfeld, Wilhelm 12
Wagner, Richard 36
Wieland, Anna Dorothea 116
Wieland, Christoph Martin 5, 8, 44, 54, 64, 114ff., 118, 120
Wiesel, Elie 32
Wildenbruch, Ernst von 46

Zapfe, Rudolf 78
Zeiss, Carl 70
Zitek, Josef 76

# Die Highlights auf einen Blick

Die Zahlen auf den roten Punkten beziehen sich auf die Seiten im Buch


8 Anna Amalia Bibliothek
12 Bauhaus-Museum
14 Bauhaus-Universität
18 Burgplatz
20 Deutsches Bienenmuseum
22 Deutsches Nationaltheater
24 Feininger-Kirche in Gelmeroda
26 Frauenplan
28 Fürstenhaus
30 Gedenkstätte Buchenwald
34 Geleitschenke
36 Goetheplatz
38 Goethes Gartenhaus
40 Goethes Wohnhaus
44 Goethe- und Schiller-Archiv
46 Haus Am Horn
48 Haus Hohe Pappeln
50 Herderkirche
54 Herders Wohnhaus
56 Herz-Jesu-Kirche
58 Historischer Friedhof mit Fürstengruft
62 Jakobskirche
64 Kirms-Krackow-Haus
66 Liszt-Haus
68 Markt
72 Marstall und Albert-Schweitzer-Gedenkstätte
74 Museum für Ur- und Frühgeschichte Thüringens
76 Neues Museum
78 Nietzsche-Archiv
80 Palais Schardt
82 Park an der Ilm
86 Residenzschloss
90 Schillers Wohnhaus
94 Schloss Belvedere
98 Schloss Ettersburg
100 Schloss Kromsdorf
102 Schloss Tiefurt
106 Stadtmuseum (Bertuchhaus)
108 Weimarhalle
110 Weimar-Haus
112 Weimarplatz
114 Wielandgut Oßmannstedt
118 Wielandplatz
120 Wittumspalais